Libro de actividades de
ACCIÓN DE GRACIAS
para niños

*Laberintos, colorear y rompecabezas
más para niños 4 – 8*

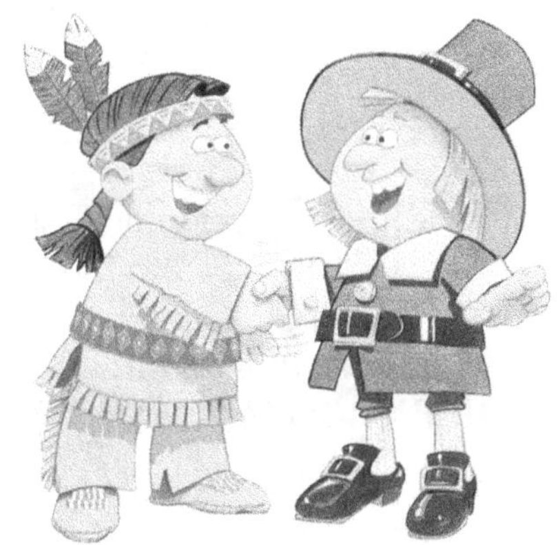

Young Scholar

All rights reserved. No part of this document may be reproduced
Used or transmitted in any form or by any means, electronic or otherwise. This means you
cannot photocopy any material ideas or tips that are provided in this book.

Young Scholar
Published by Ciparum LLC

Libro de Actividades de Acción de Gracias para Niños
© 2016 Ciparum LLC
All rights reserved.
ISBN-10:1-945601-35-3
ISBN-13:978-1-945601-35-4

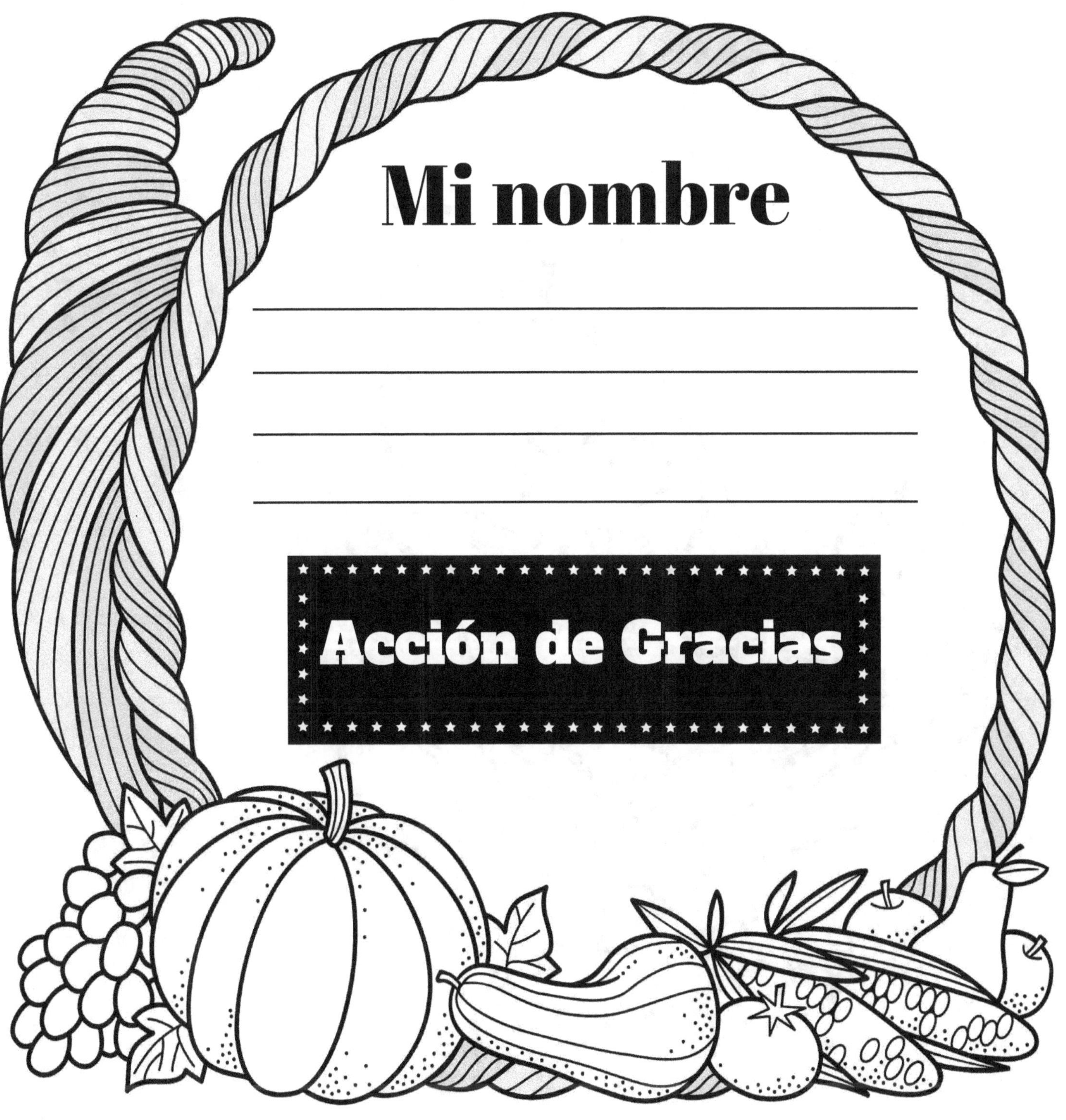
Mi nombre
Acción de Gracias

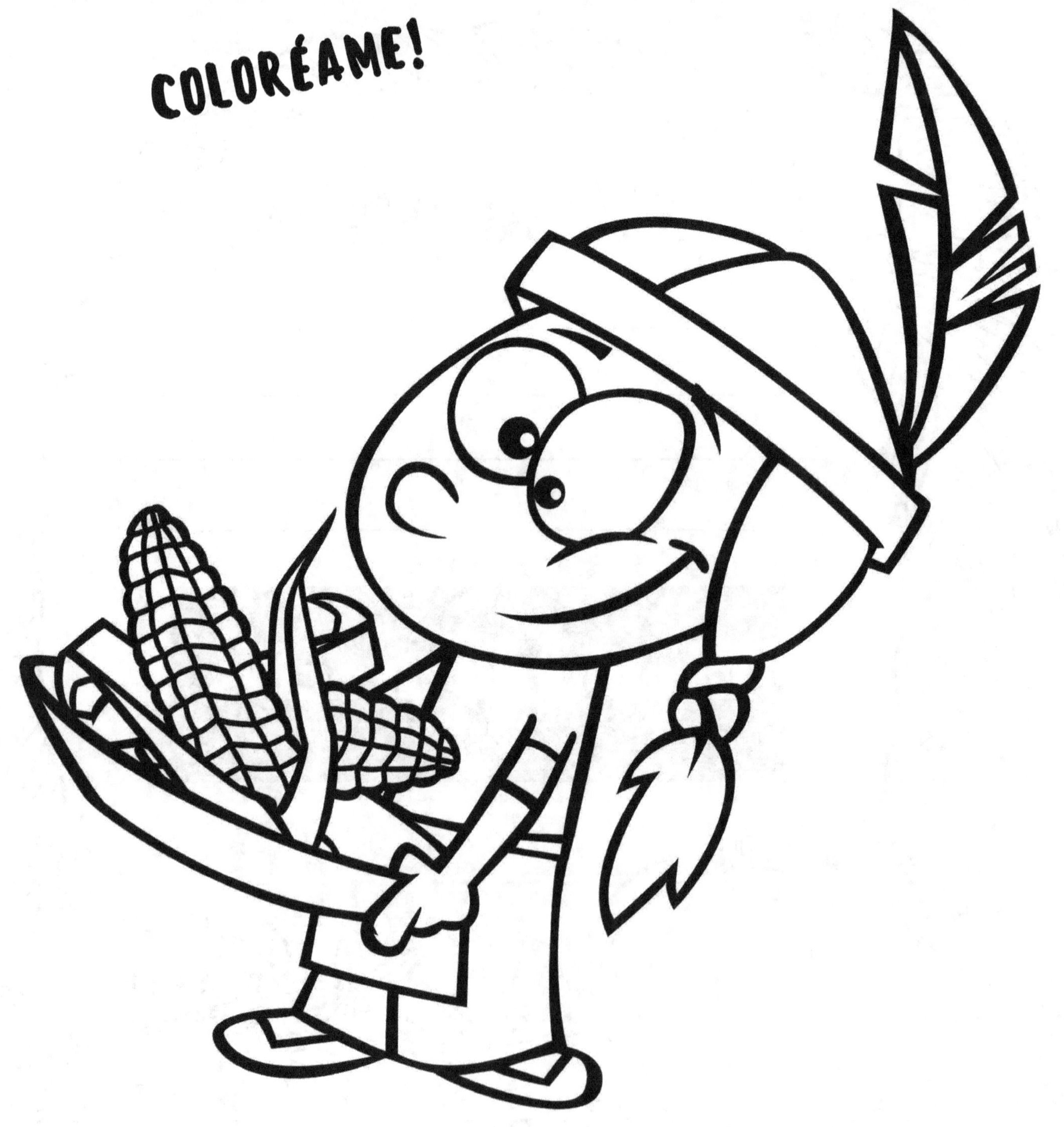

COLORÉAME!

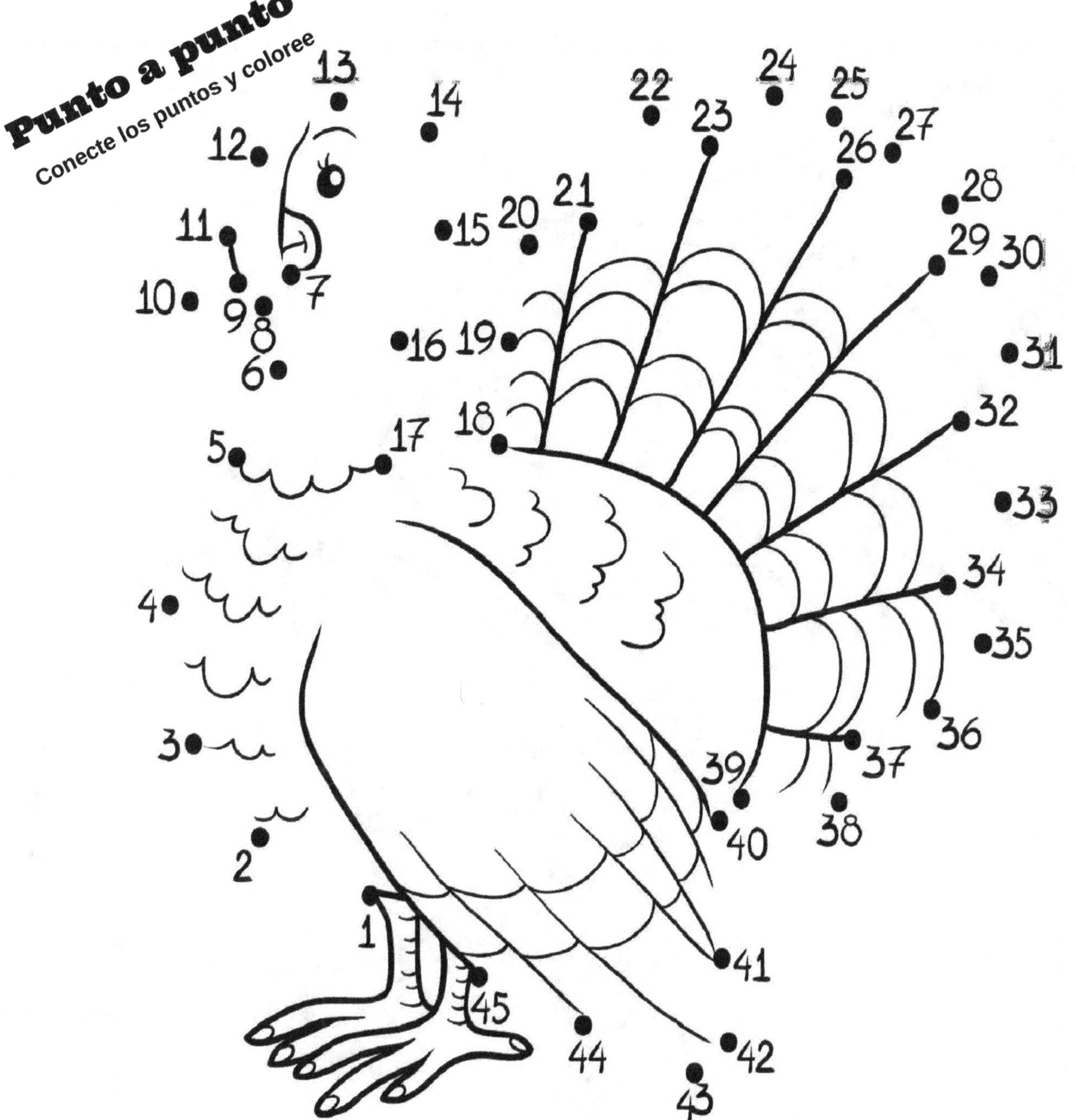

Punto a punto
Conecte los puntos y coloree

COLORÉAME!

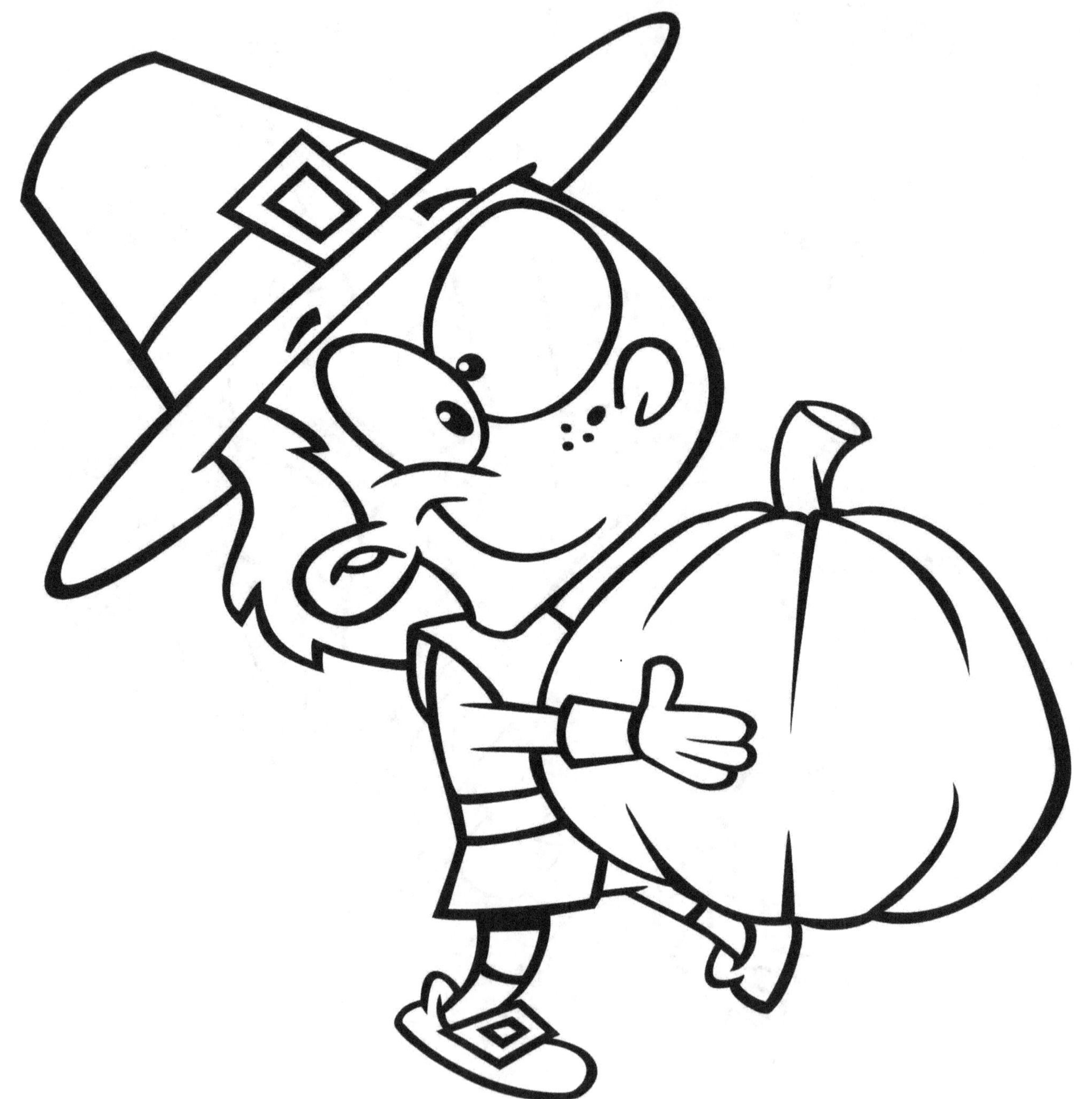

PEGUE SU
FOTOGRAFÍA
AQUÍ

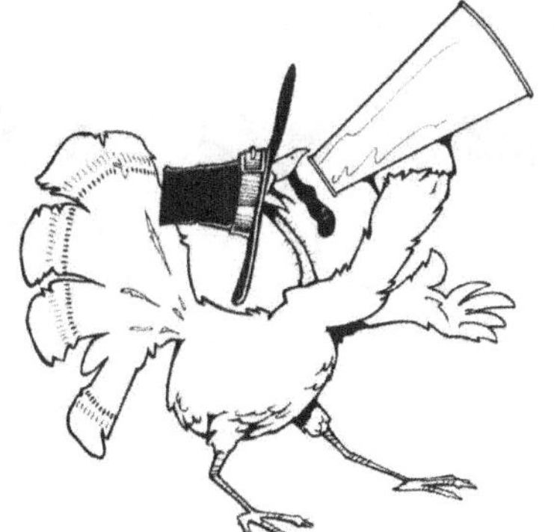

SELFIE

COSAS POR LAS QUE ESTOY AGRADECIDO

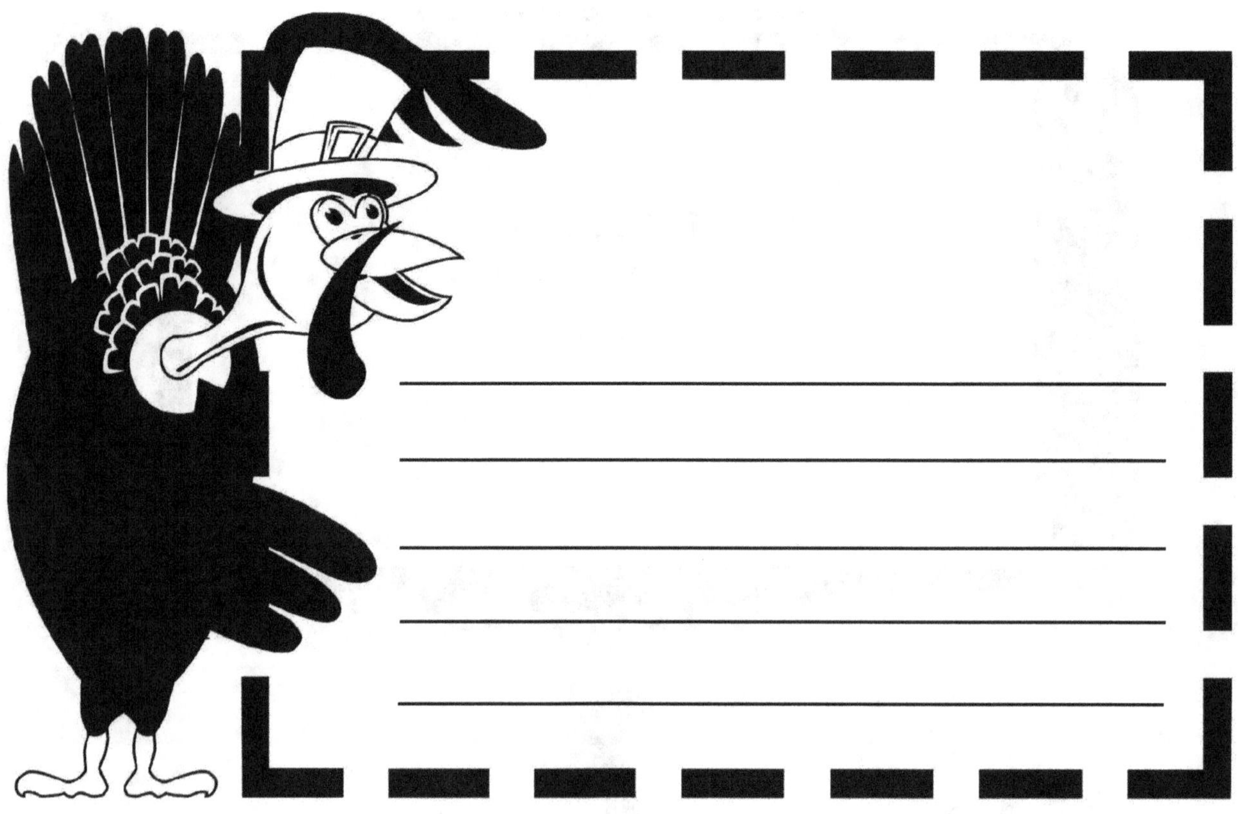

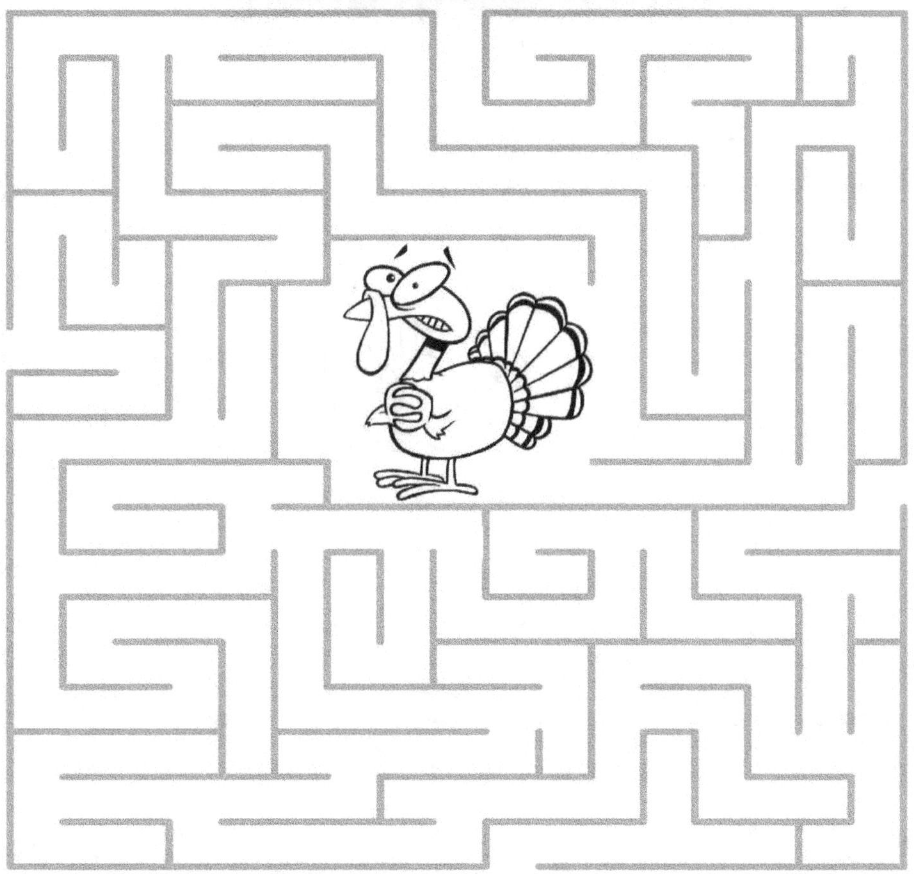

Respuesta en la página siguiente

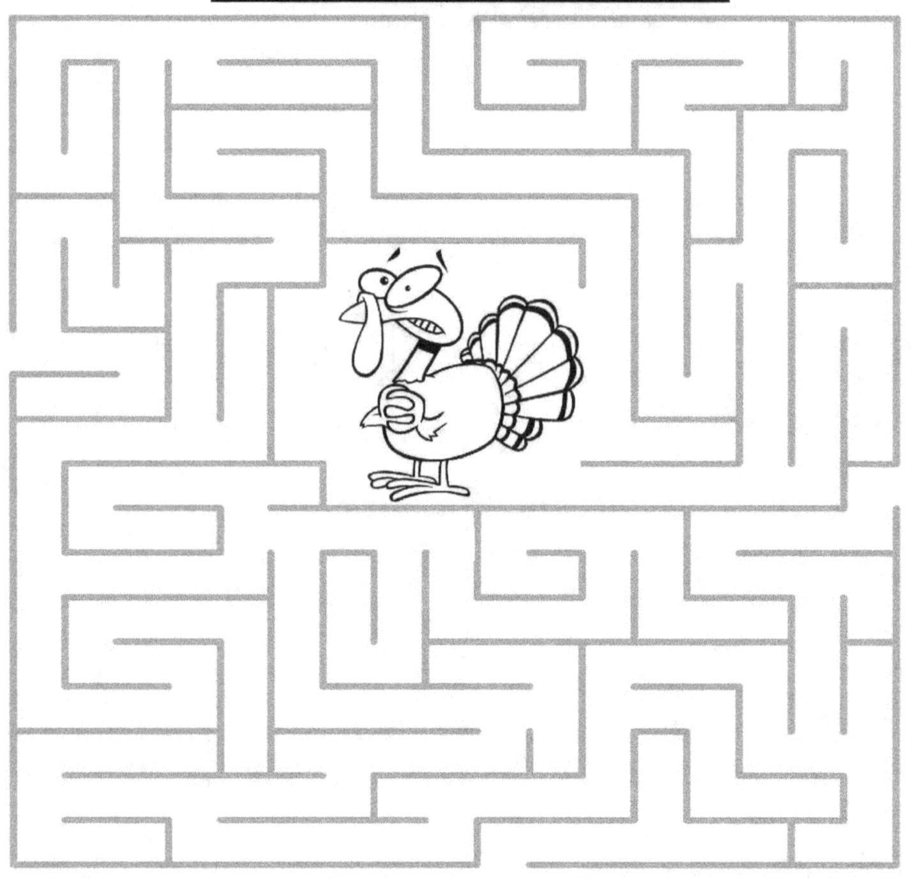

ANSWER:

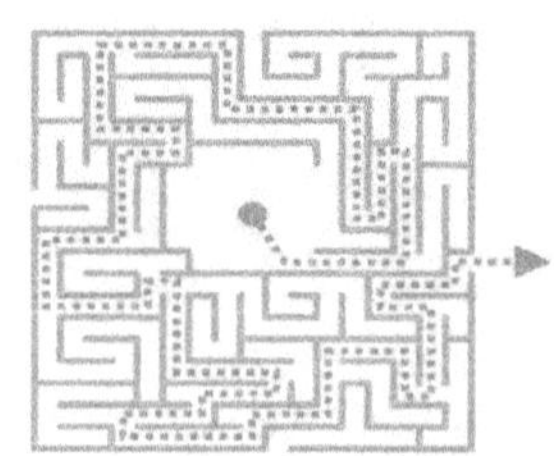

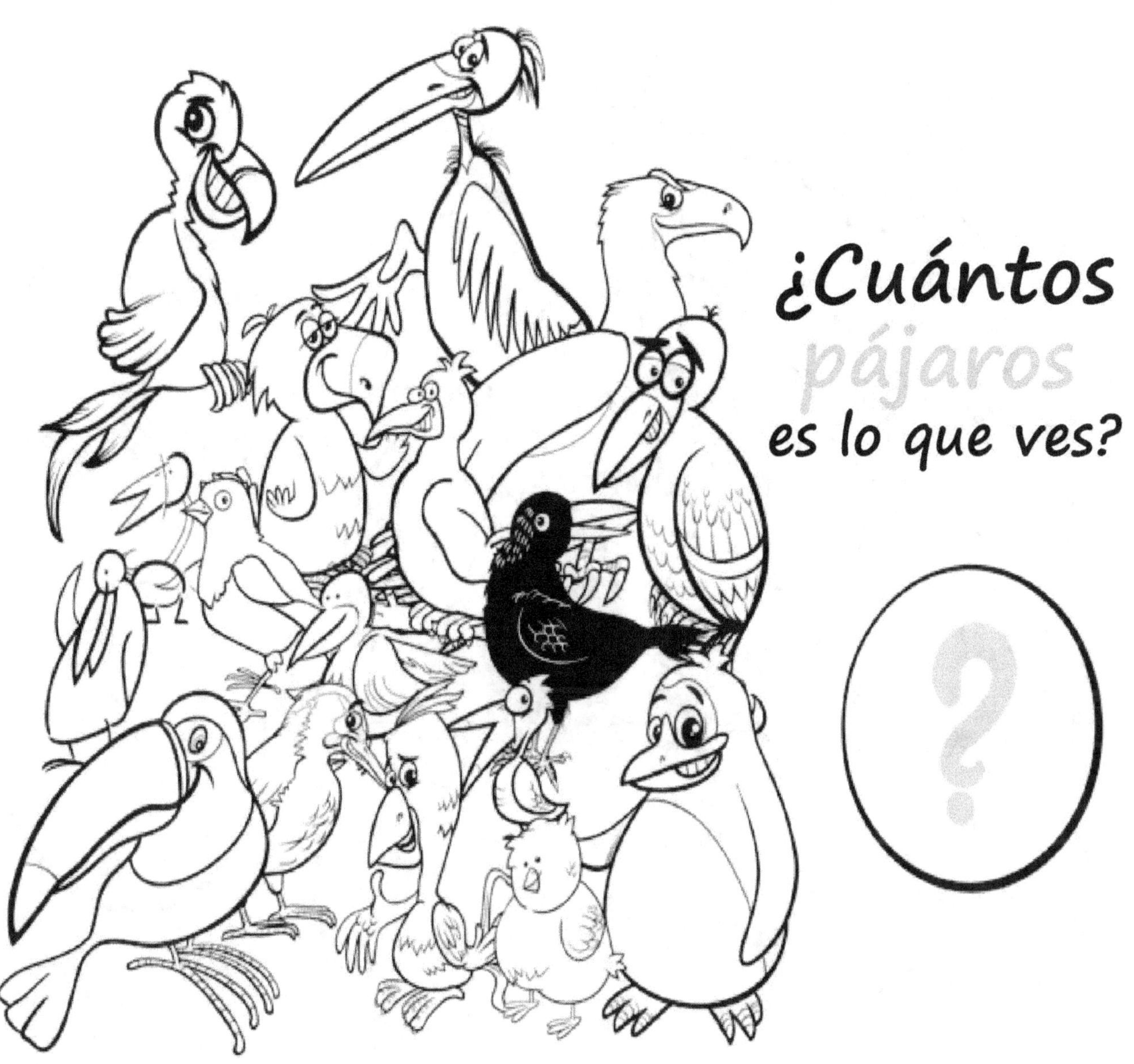
¿Cuántos
pájaros
es lo que ves?
?

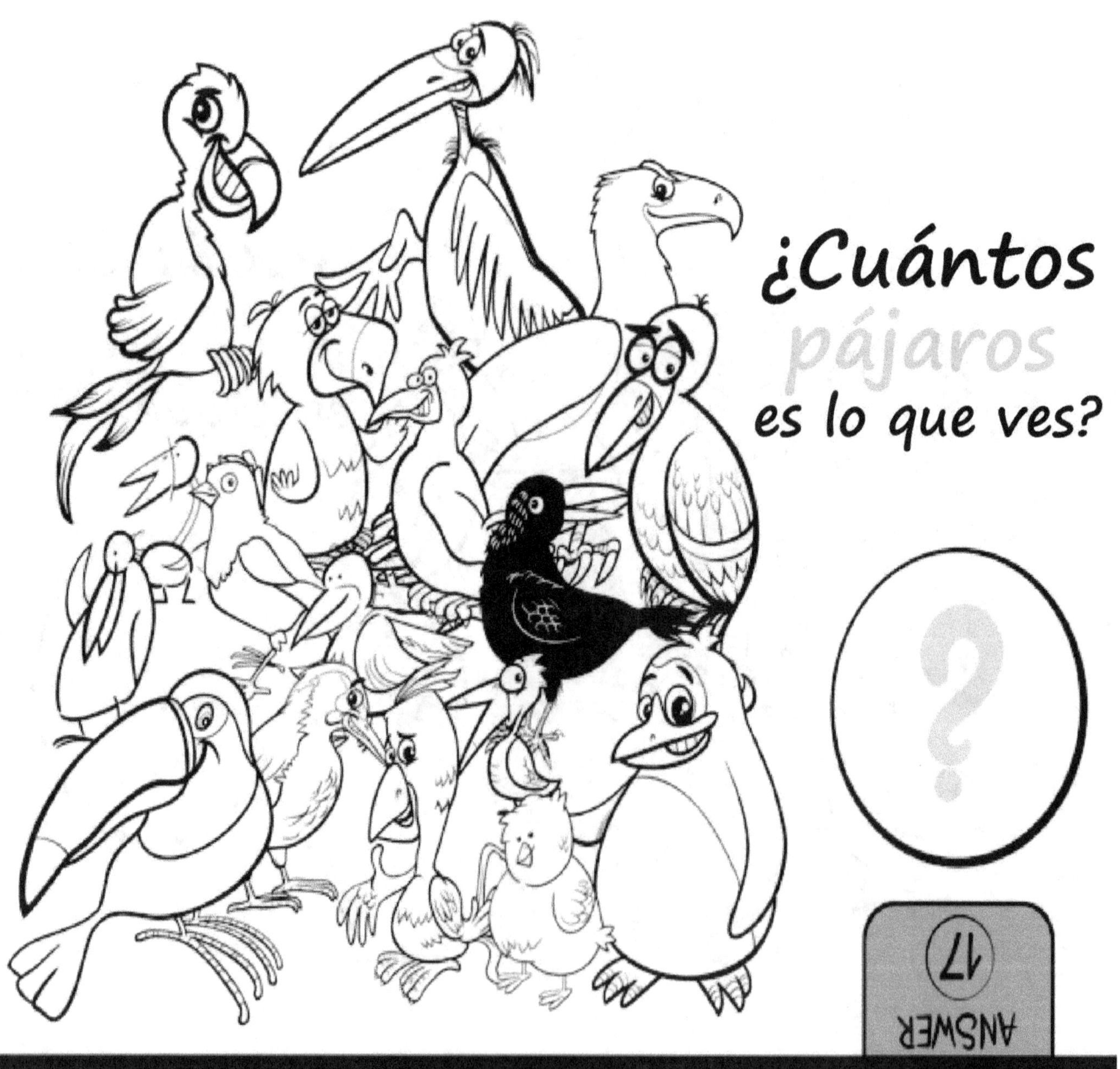

¿Cuántos
pájaros
es lo que ves?
?

ANSWER
17

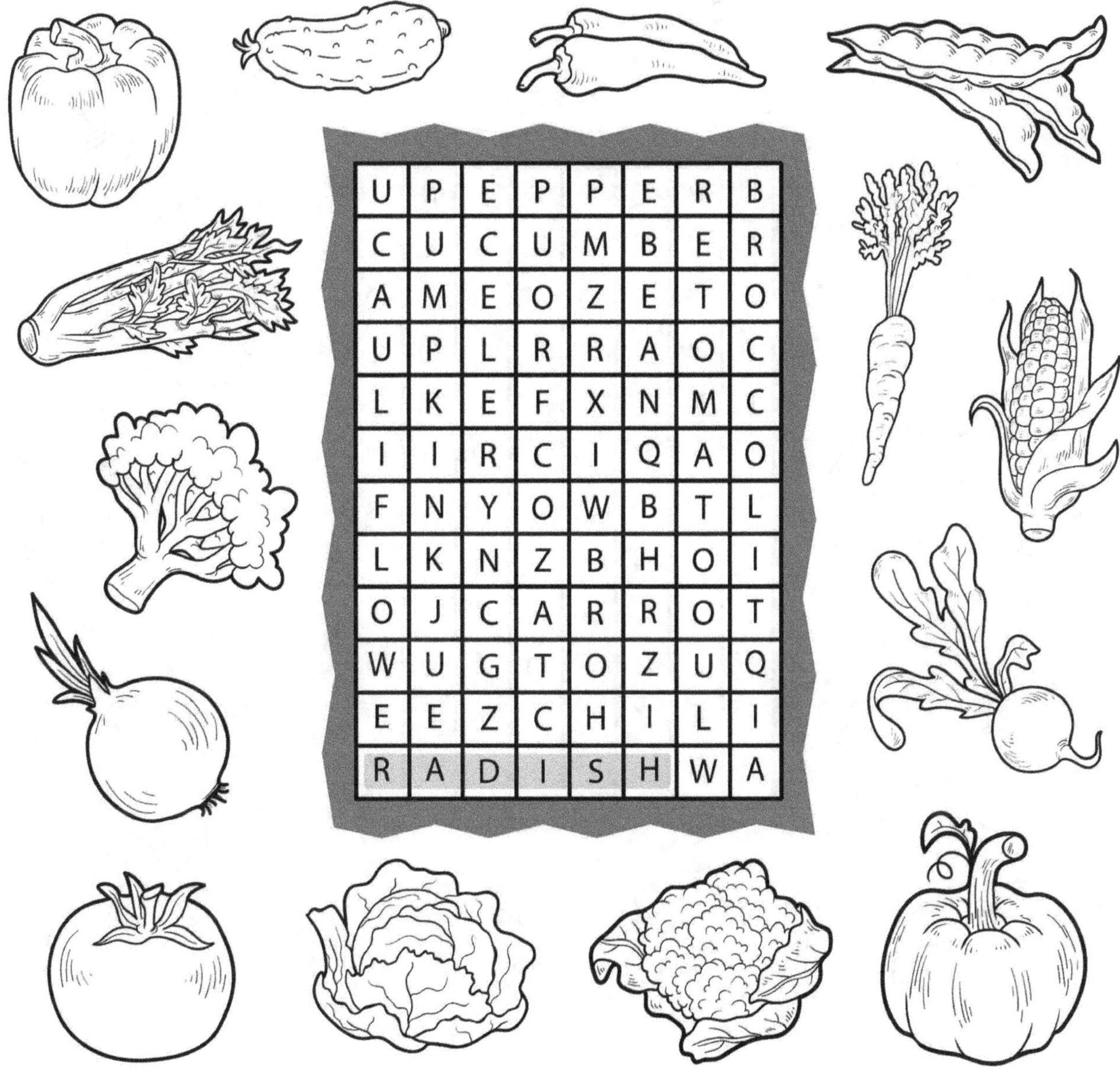

COSECHAR .
ROMPECABEZAS DE BÚSQUEDA
DE PALABRAS!

U P E P P E R B
C U C U M B E R
A M E O Z E T O
U P L R R A O C
L K E F X N M C
I I R C I Q A O
F N Y O W B T L
L K N Z B H O I
O J C A R R O T
W U G T O Z U Q
E E Z C H I L I
R A D I S H W A

COSECHAR .
ROMPECABEZAS DE BÚSQUEDA DE PALABRAS!

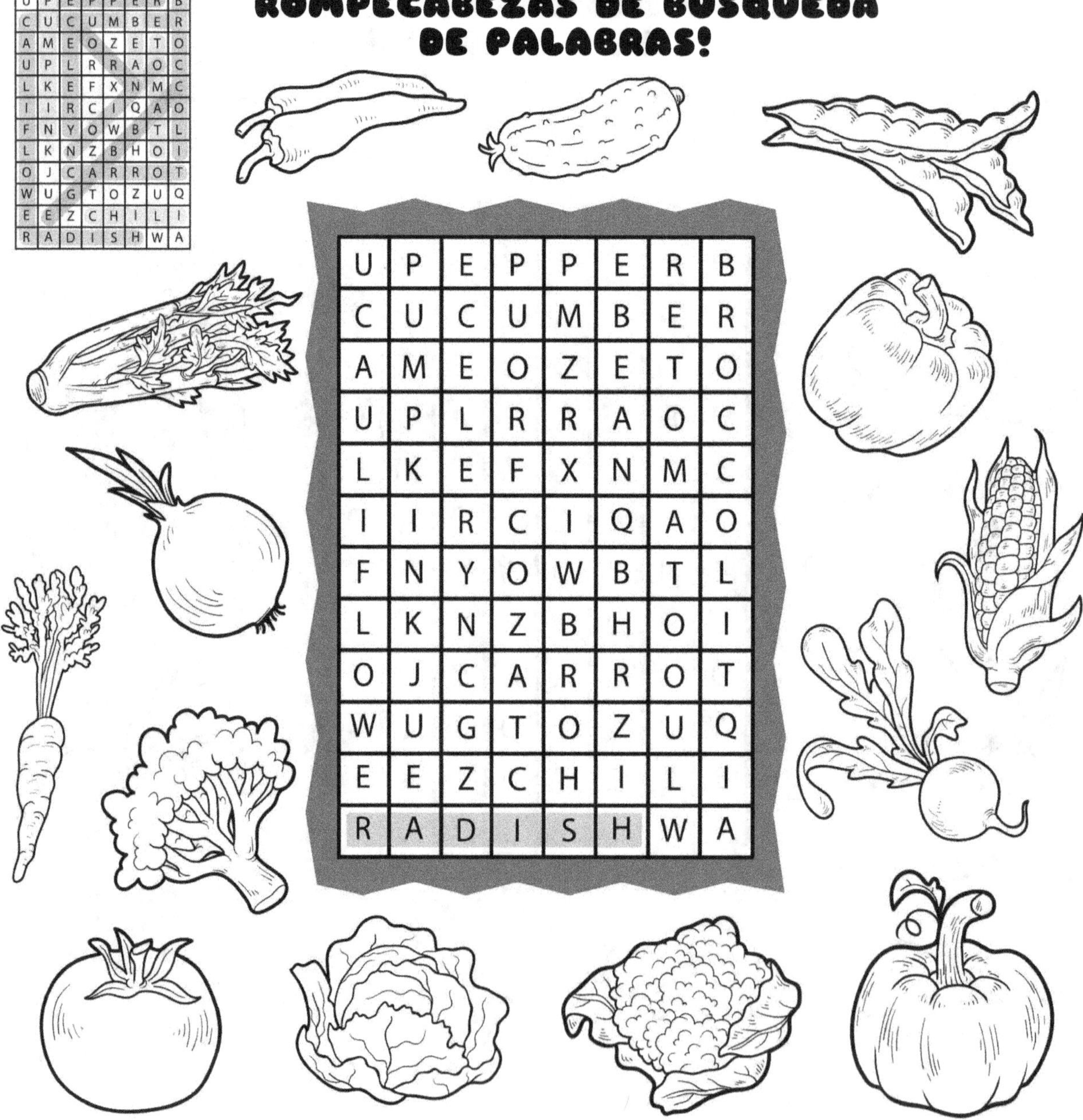

COMIDA FAVORITA

Dibuje su comida favorita

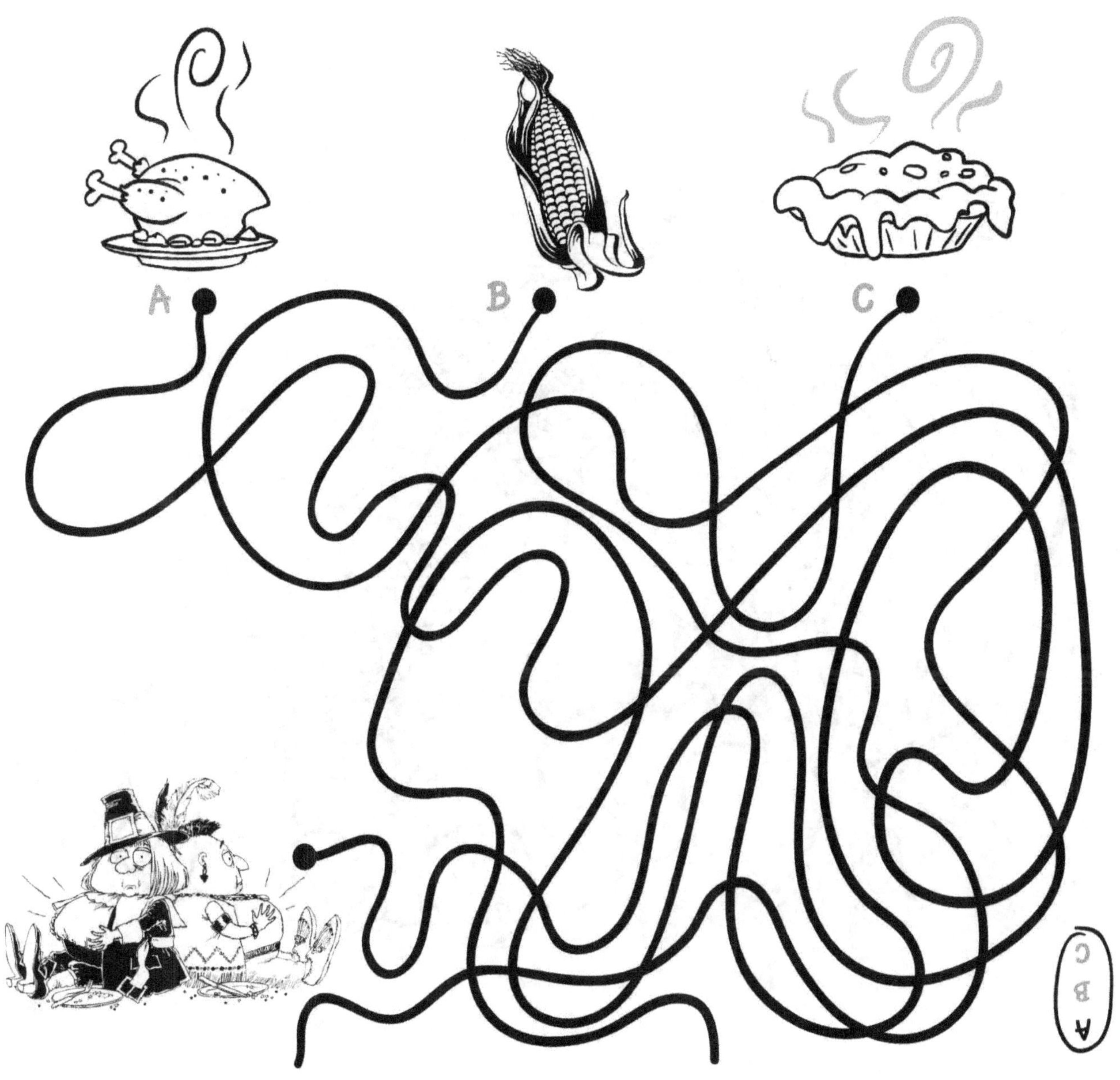

COLORÉAME!

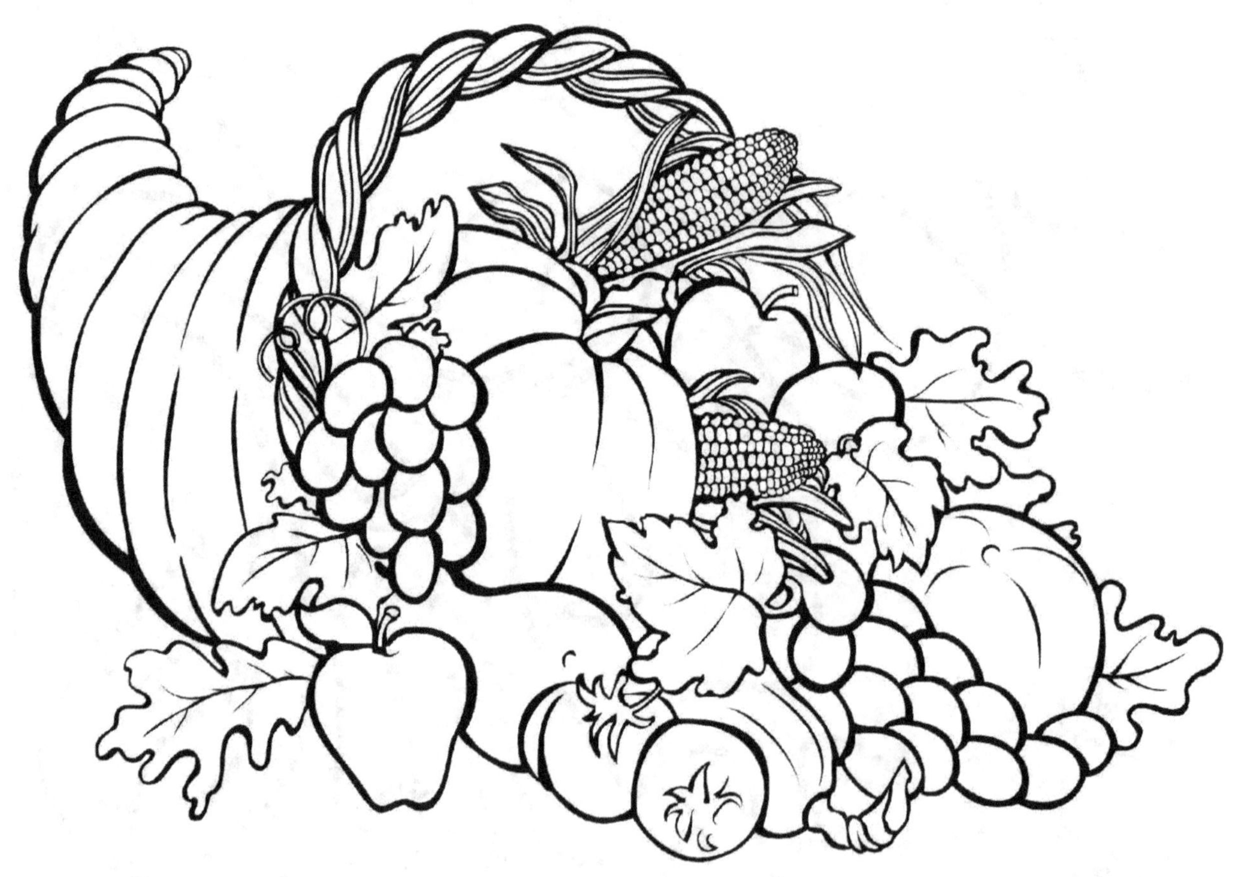

Dibujar en cuadrícula

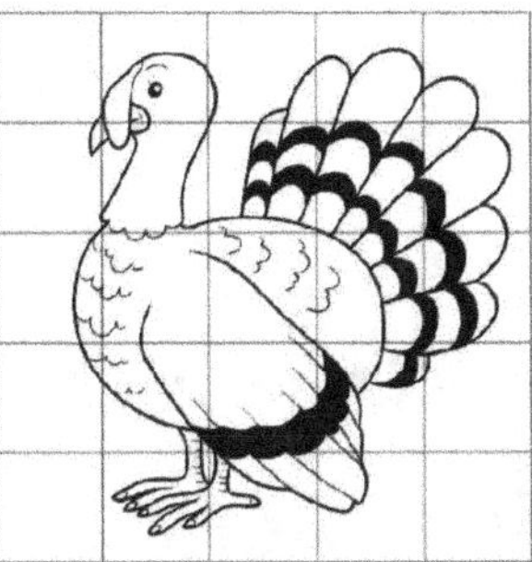

Use la cuadrícula como
guía y dibuje una imagen

Punto a punto

Conecte los puntos y coloree

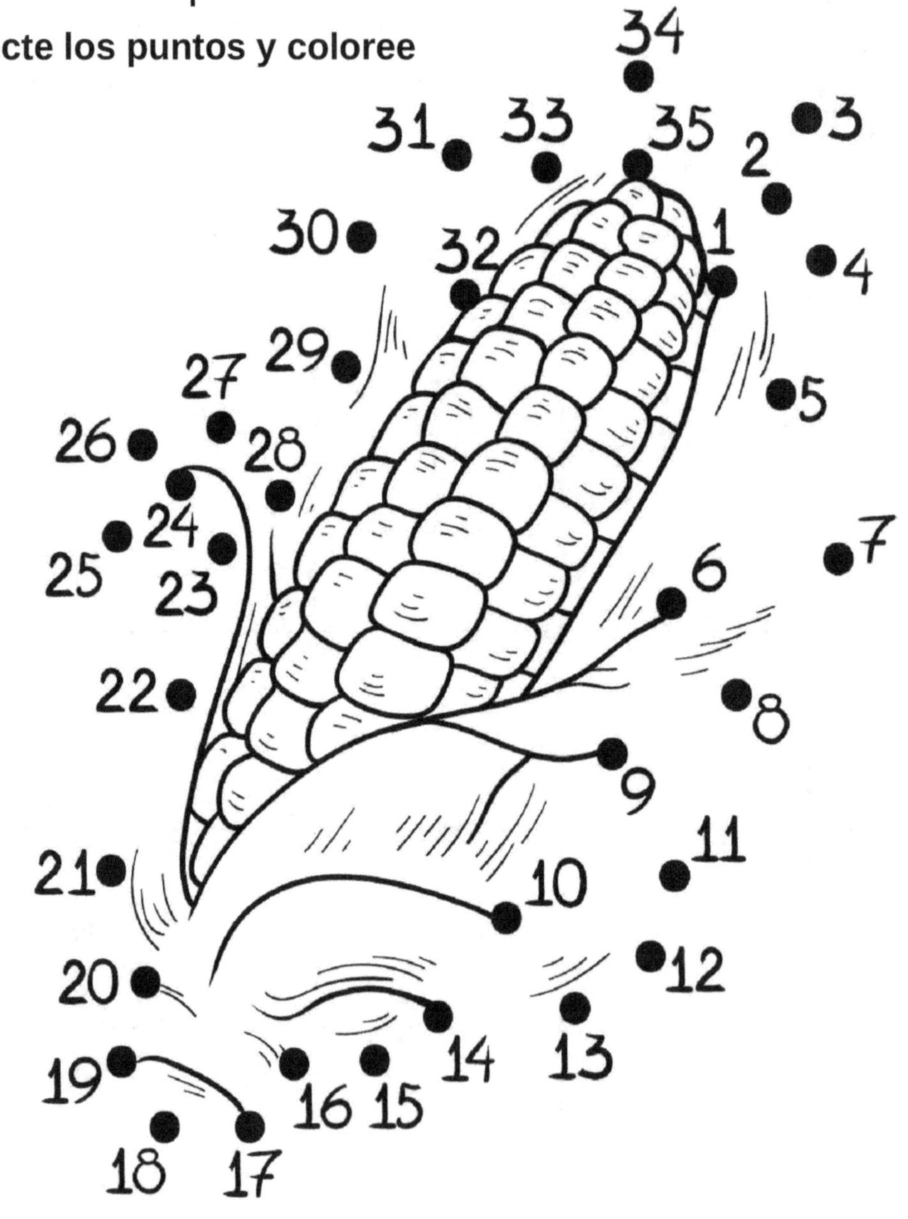

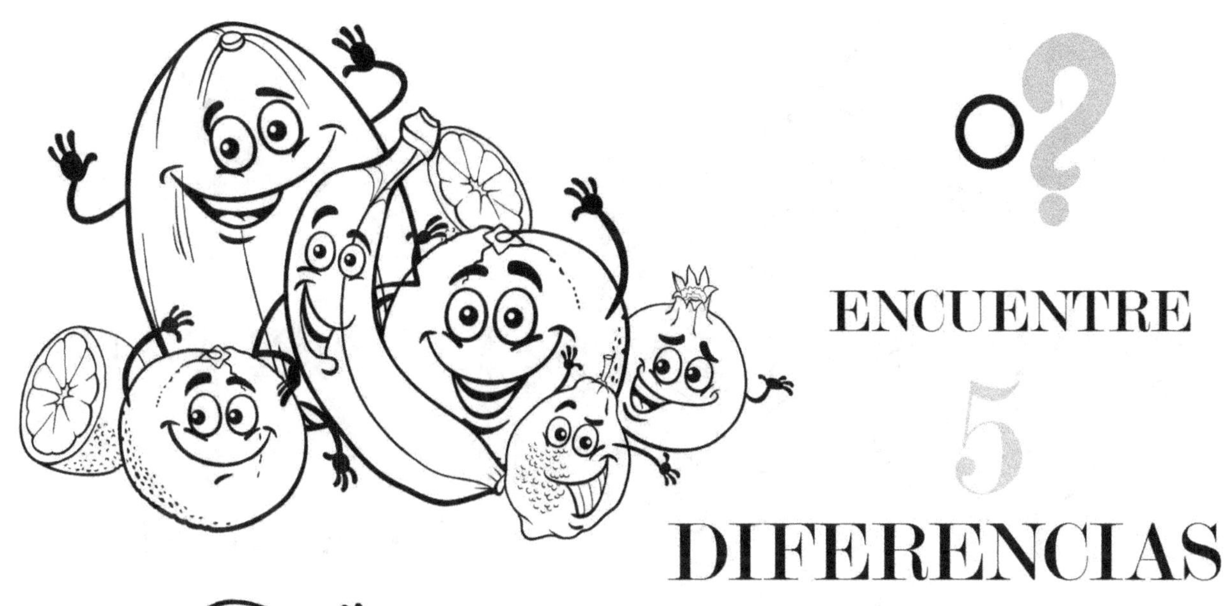

ENCUENTRE

5

DIFERENCIAS

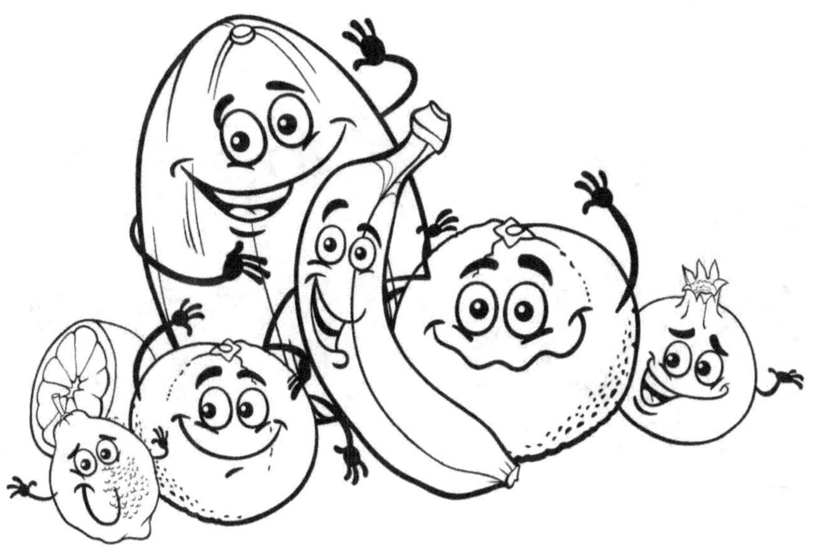

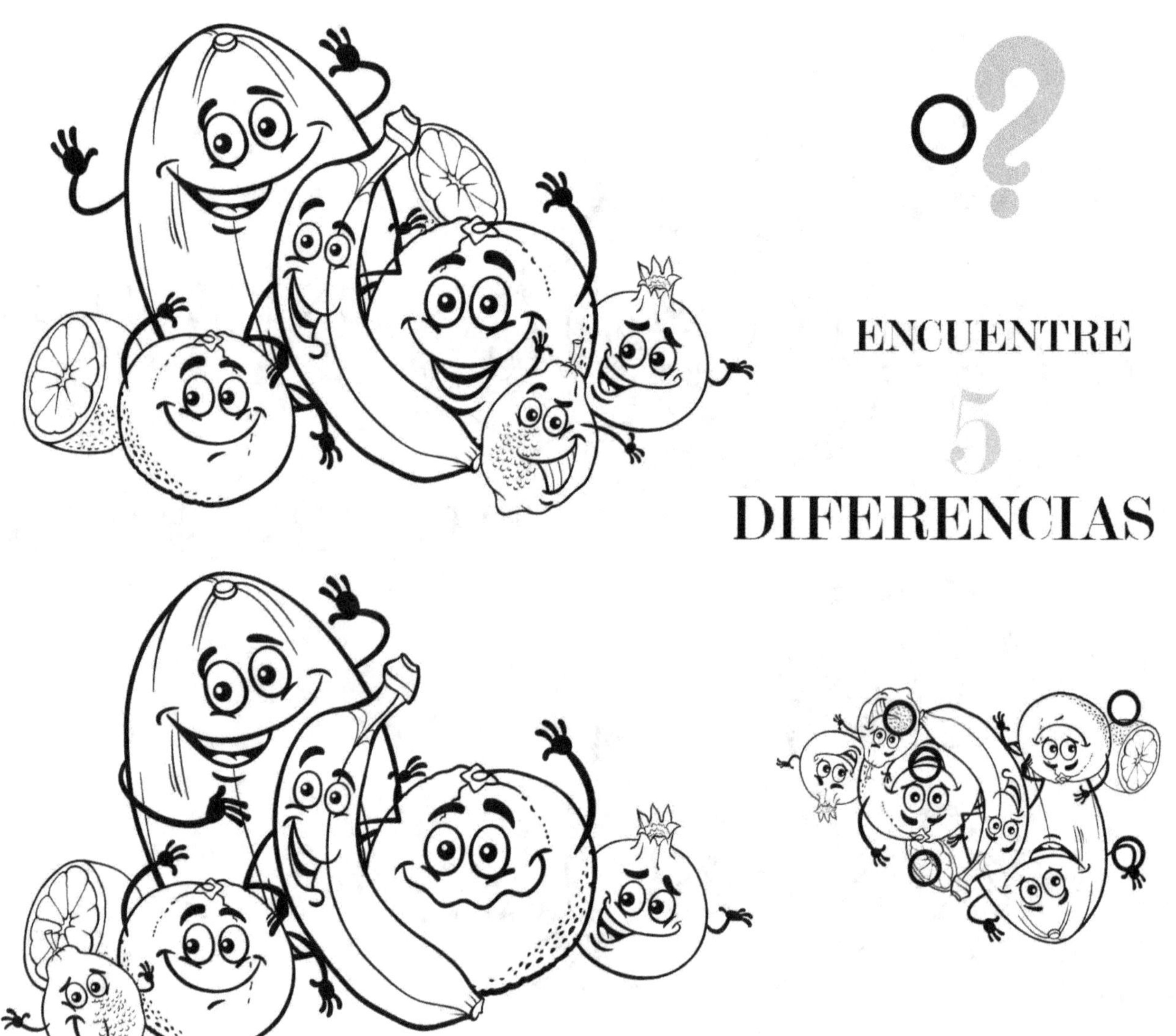

ENCUENTRE

5

DIFERENCIAS

COLOREAR POR NÚMEROS

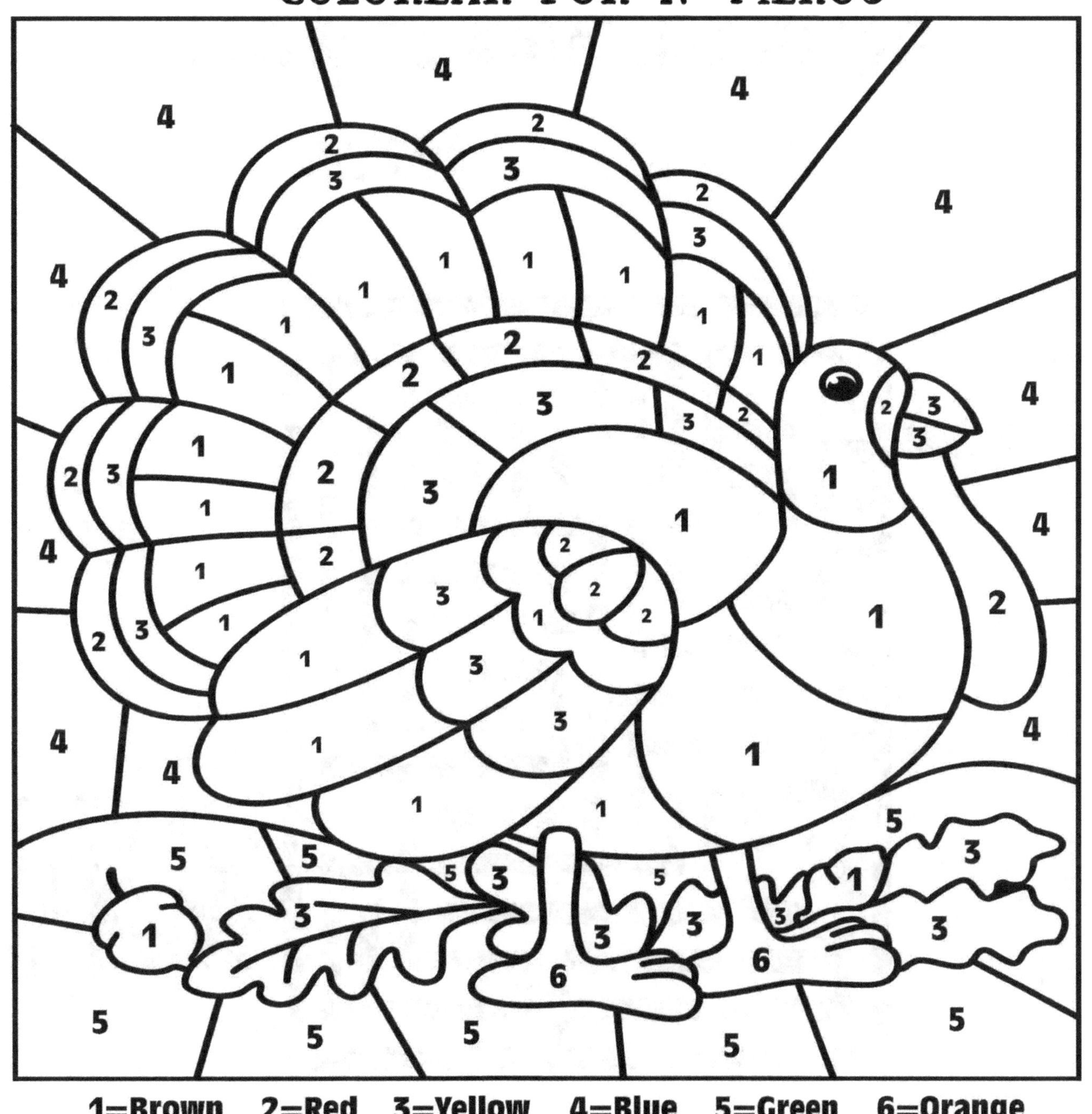

1=Brown   2=Red   3=Yellow   4=Blue   5=Green   6=Orange

Ayude a la niña pequeña a llegar al festín

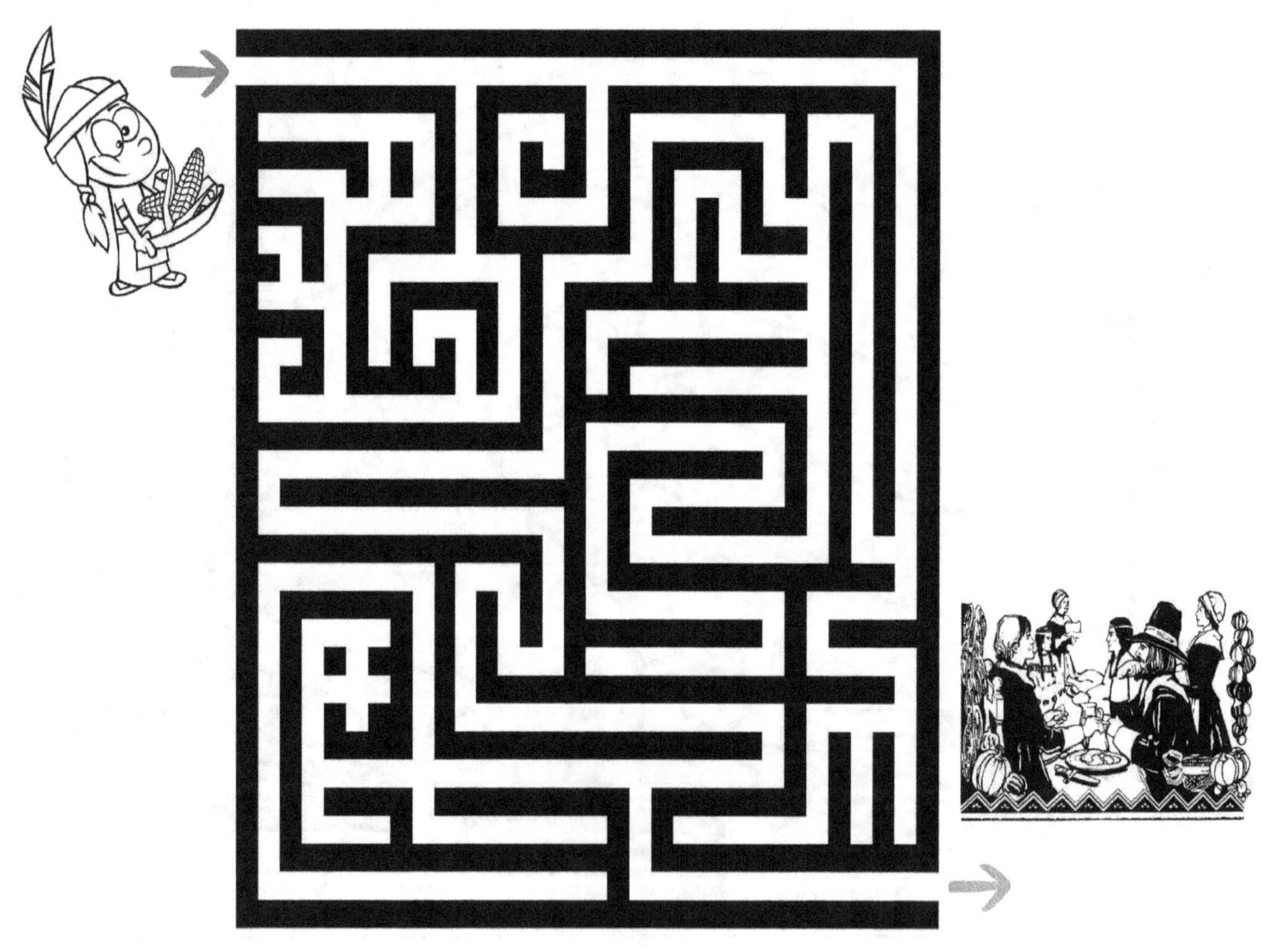

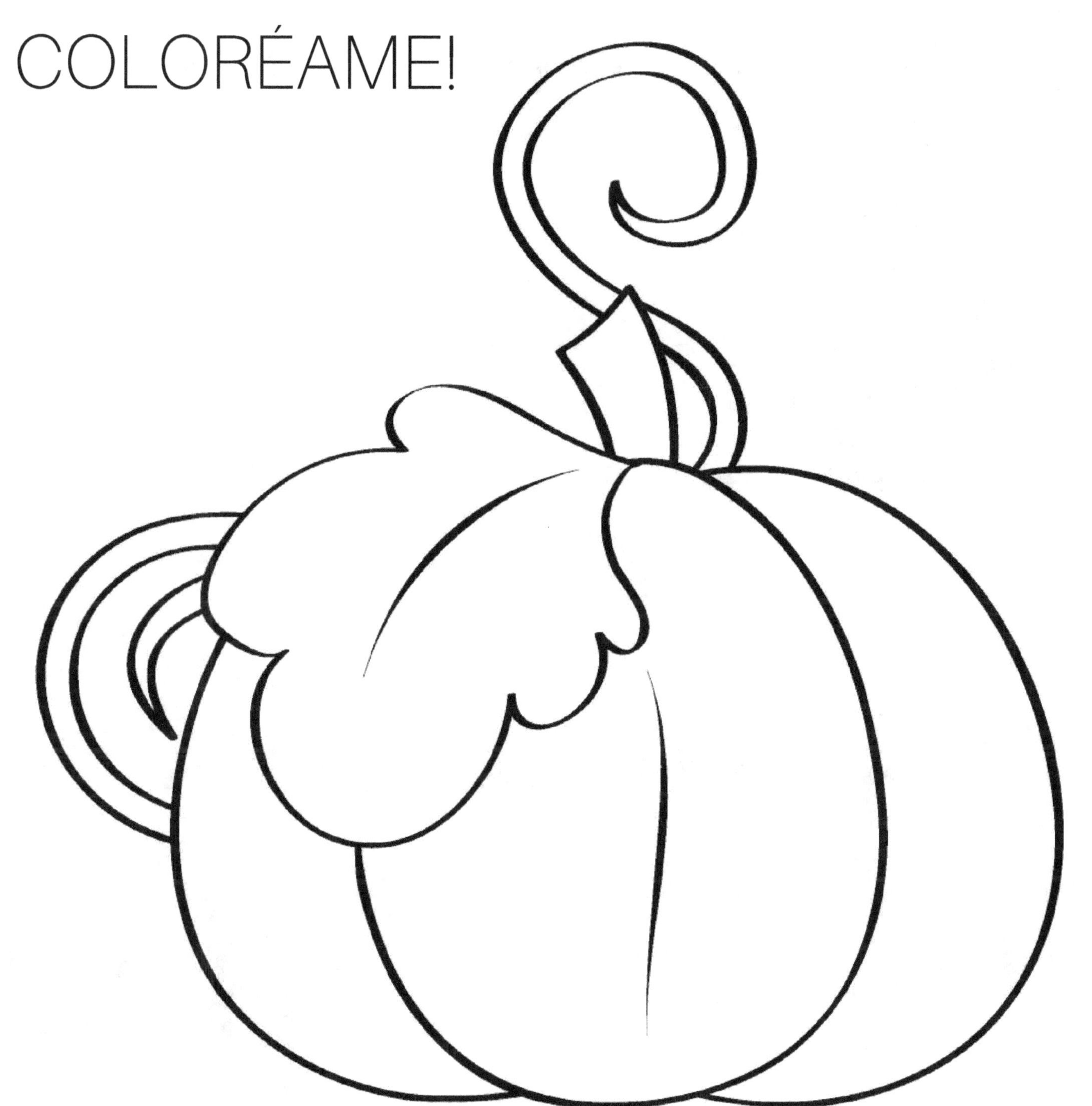

COLORÉAME!

Dibuje el camino hacia el Nuevo Mundo

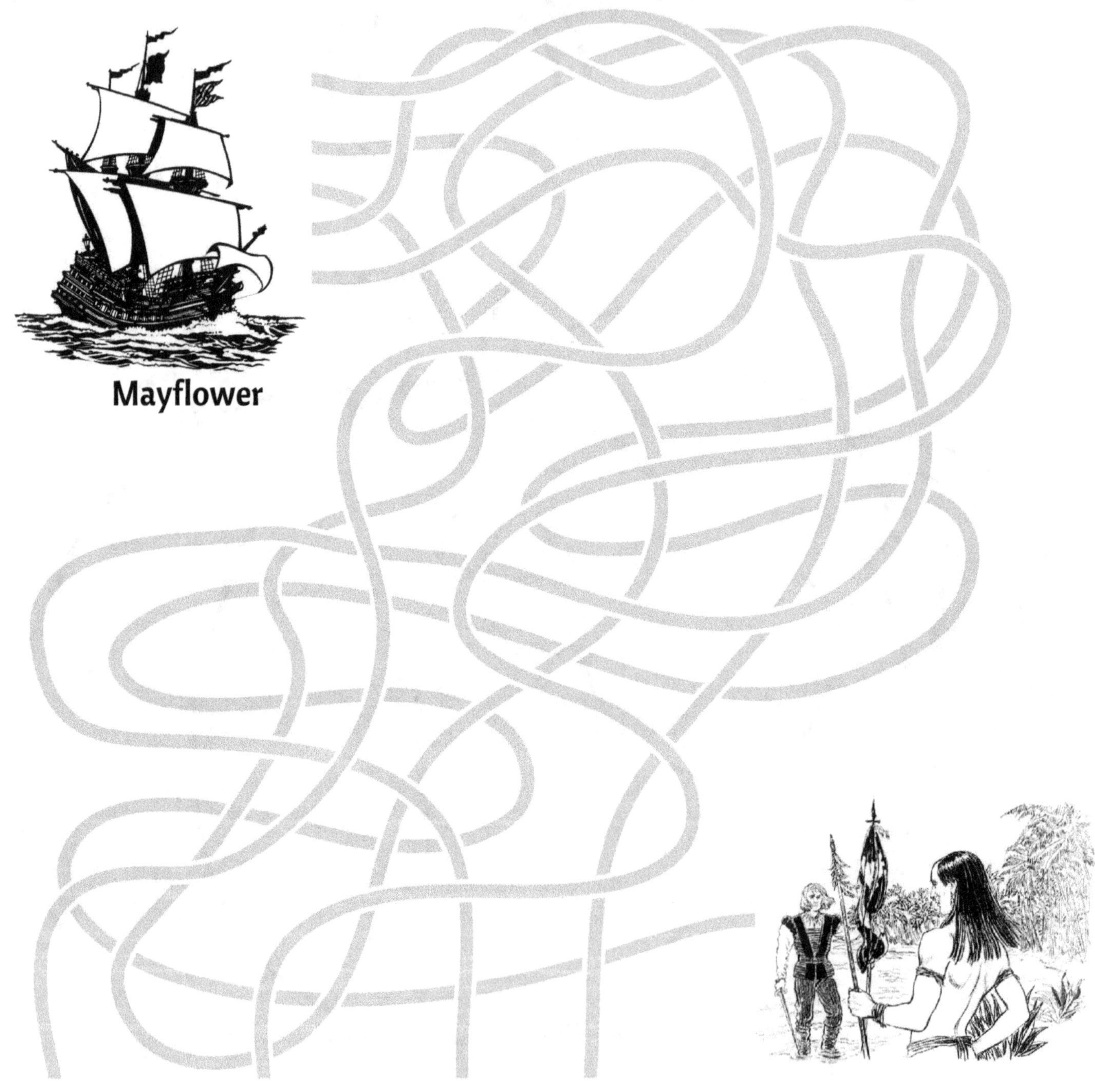

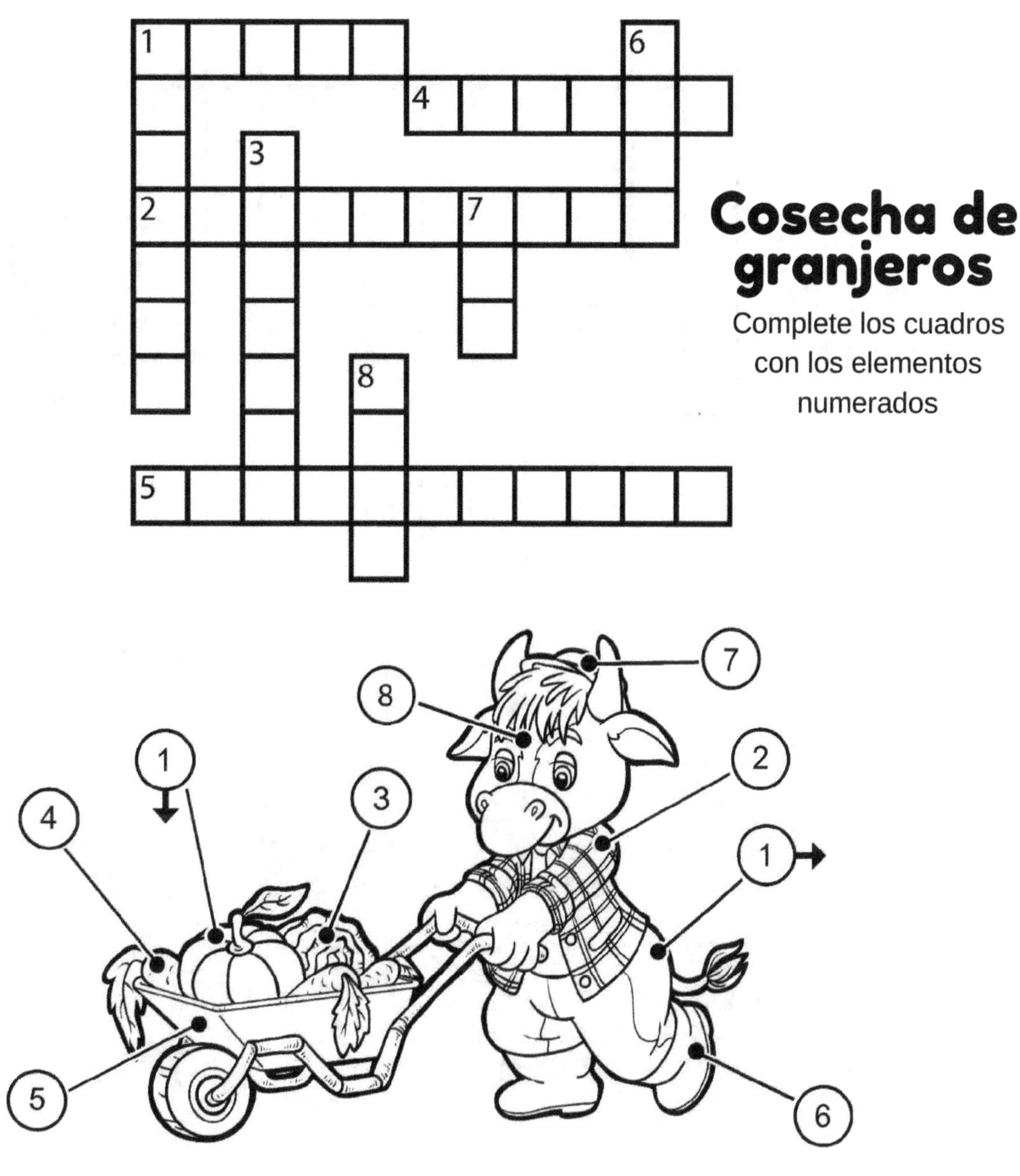

Cosecha de granjeros

Complete los cuadros con los elementos numerados

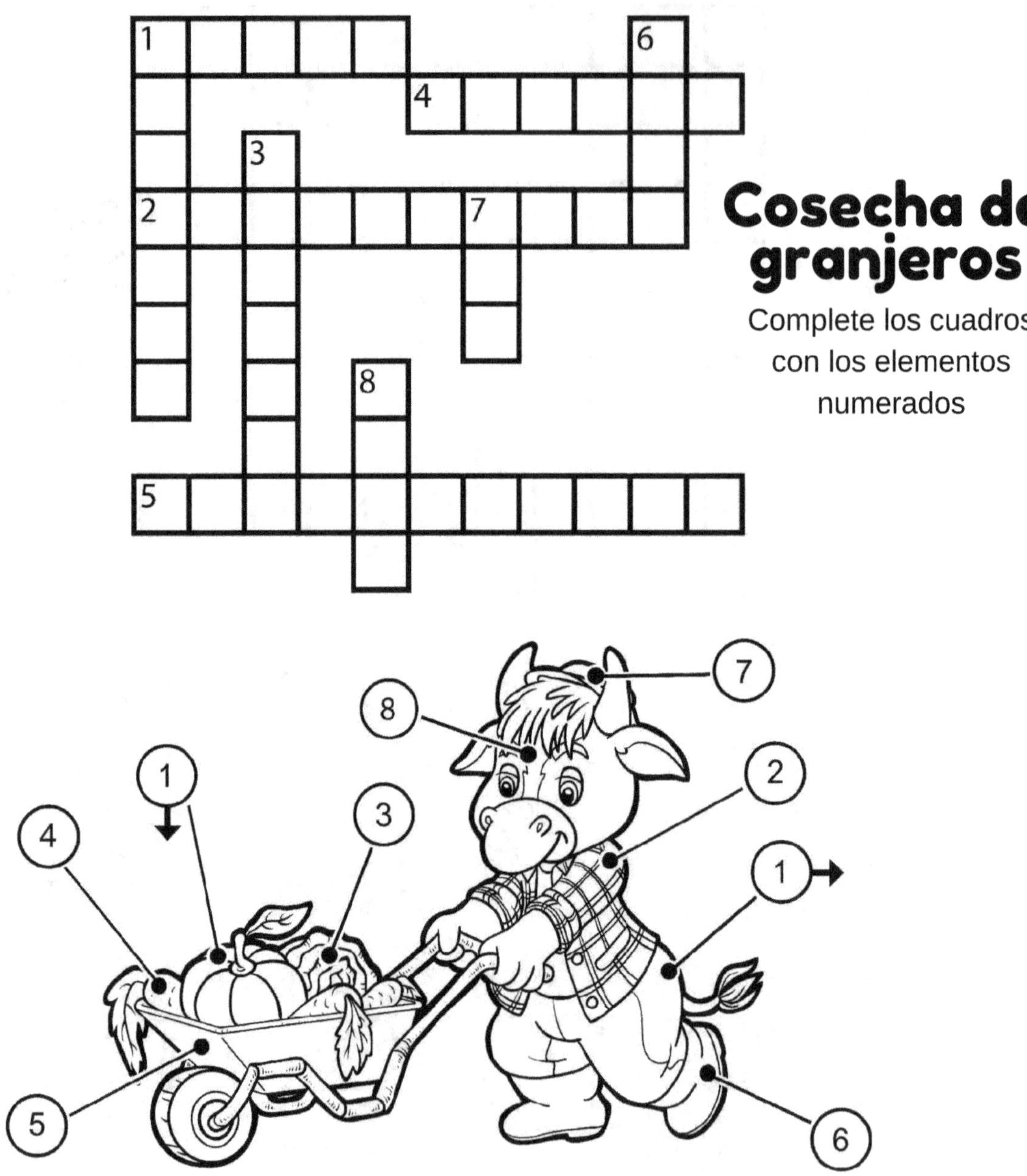

Cosecha de granjeros

Complete los cuadros con los elementos numerados

ANSWER: 1. (across) pants 1. (down) pumpkin 2. plaidshirt
3. cabbage 4. carrot 5. wheelbarrow 6. boot 7. hat 8. bull

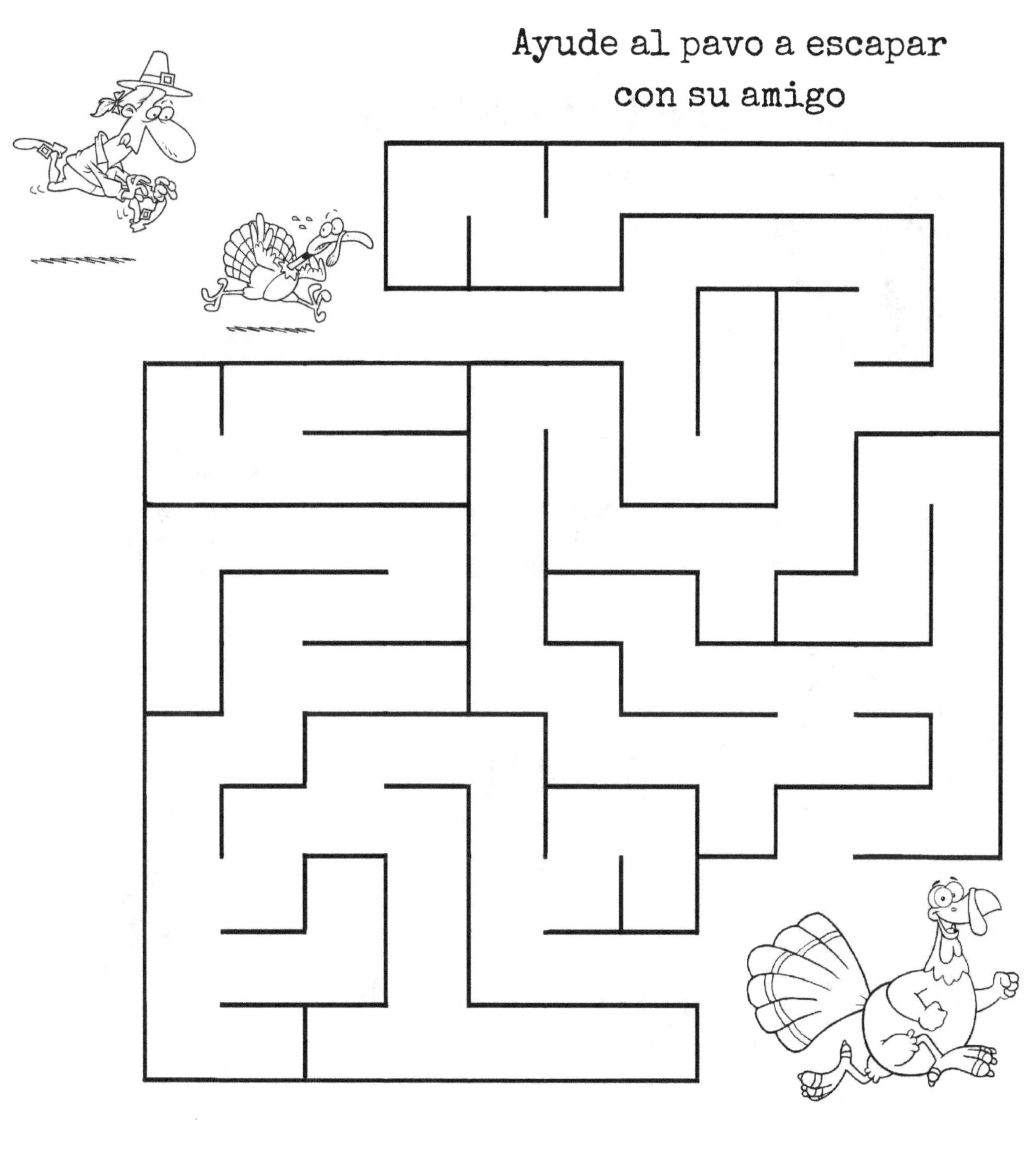

Ayude al pavo a escapar
con su amigo

Qué es lo que ve?

Rellene los alfabetos perdidos

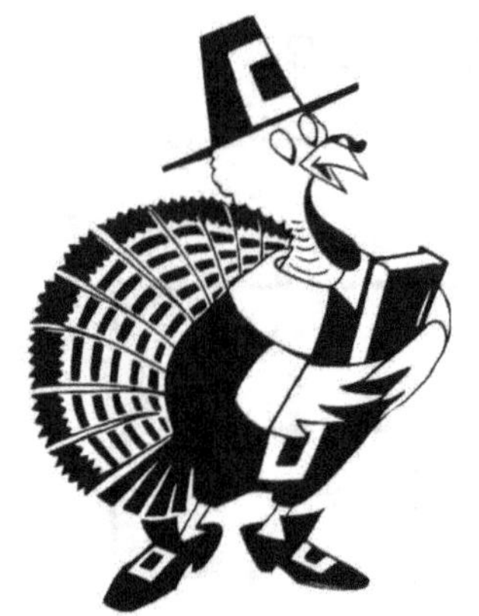

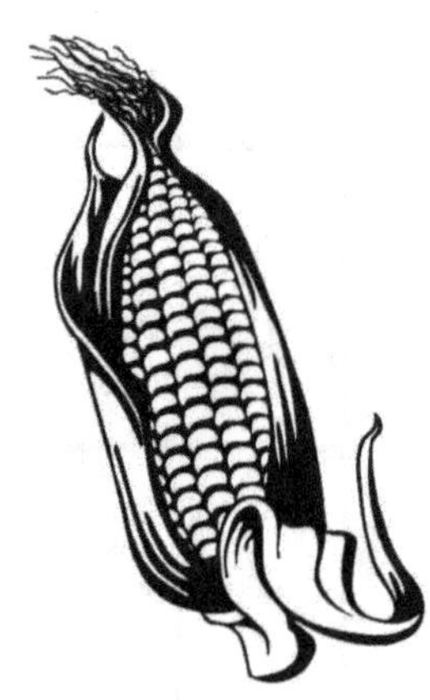

M_I_

_A_AB__A

_N__IV_A_E__CANO

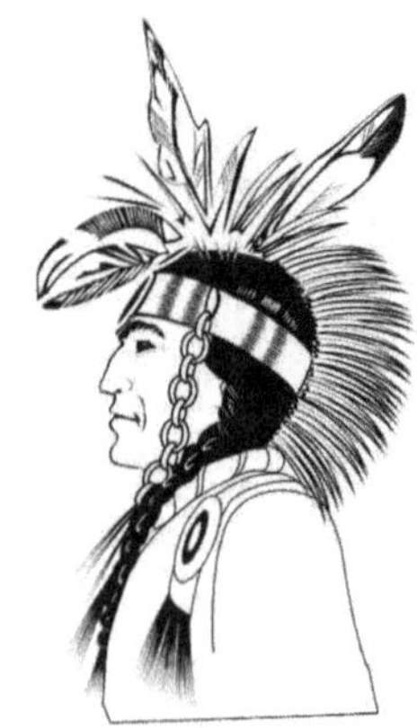

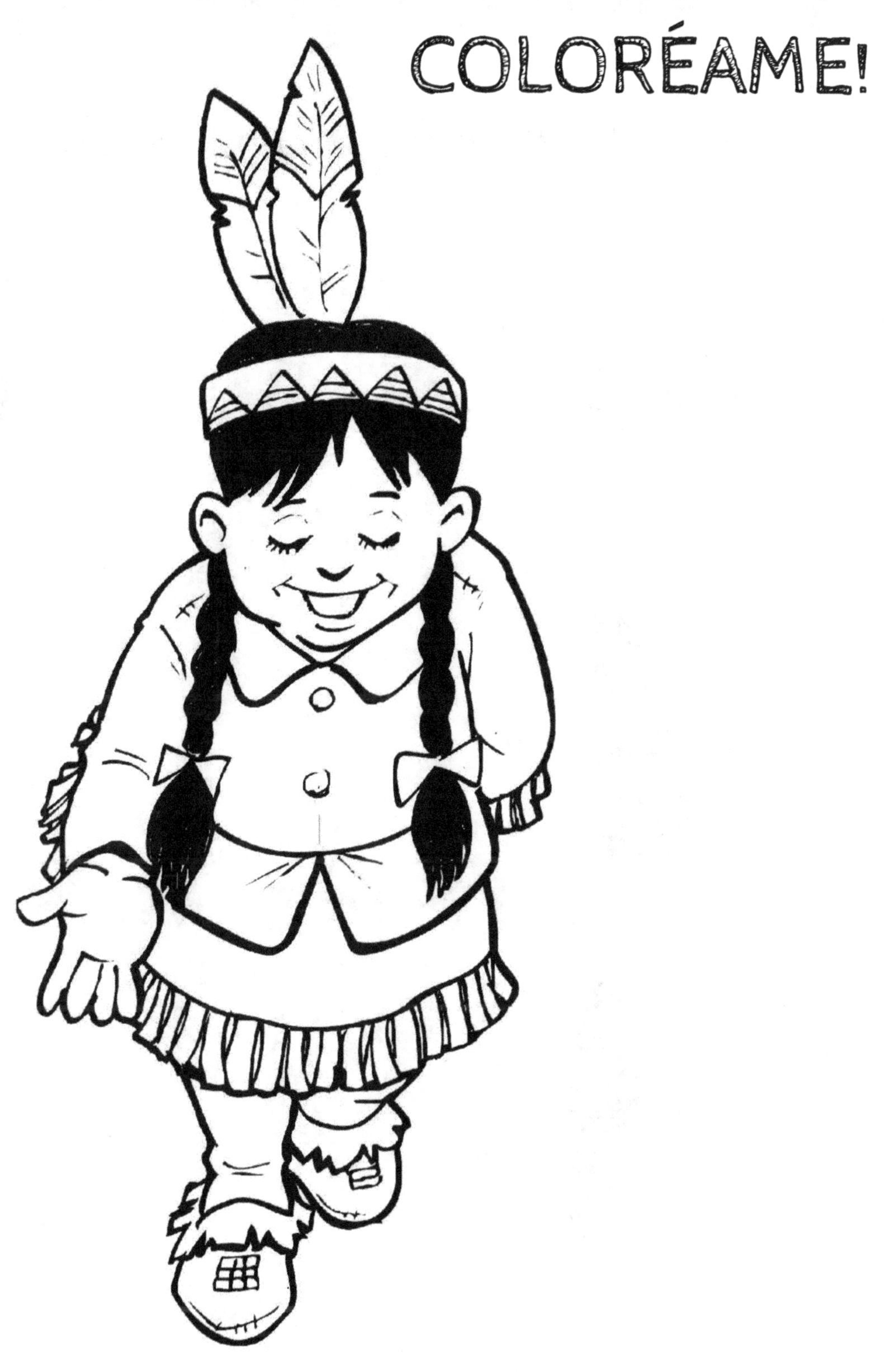

Conecte las imágenes adecuadas

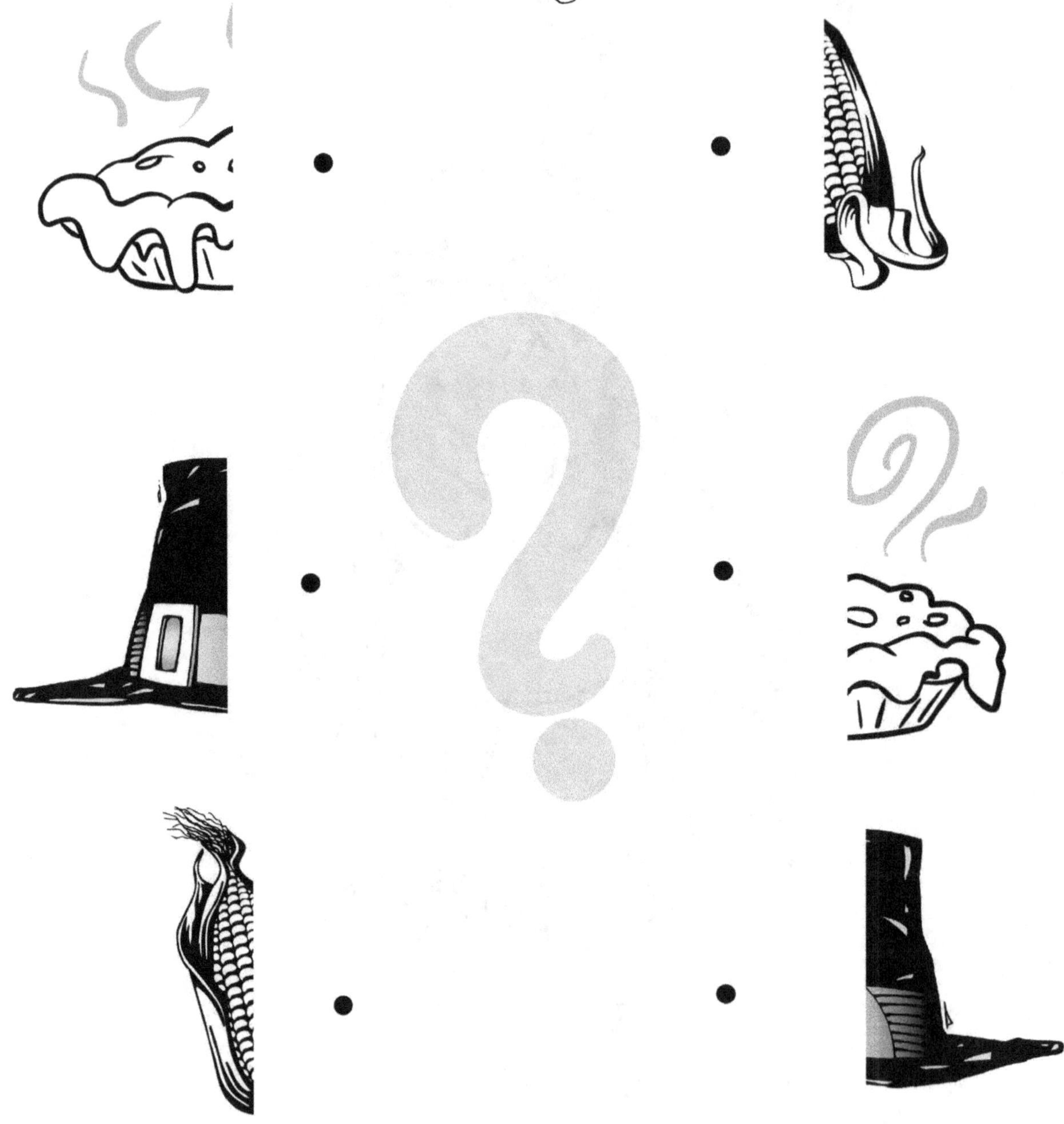

AYUDE A SAM A UNIRSE A SUS AMIGOS

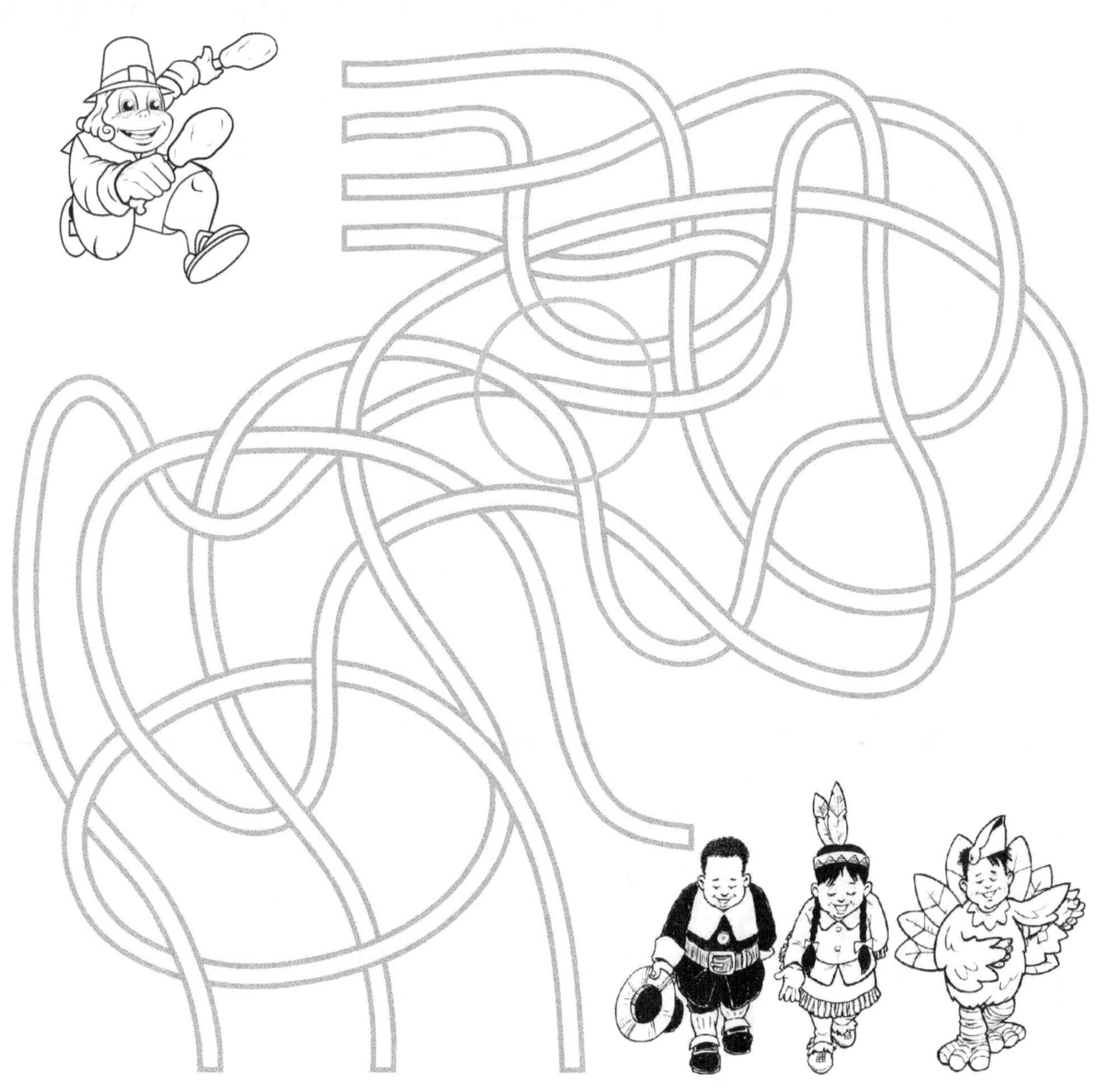

Dibujar en cuadrícula

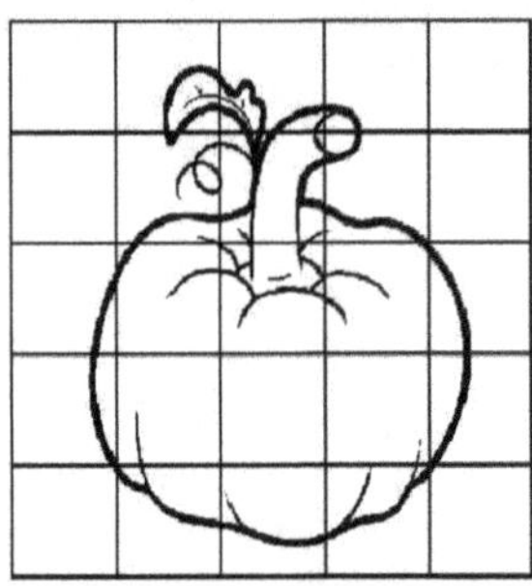

Use la cuadrícula como
guía y dibuje una imagen

¡COLORÉAME!

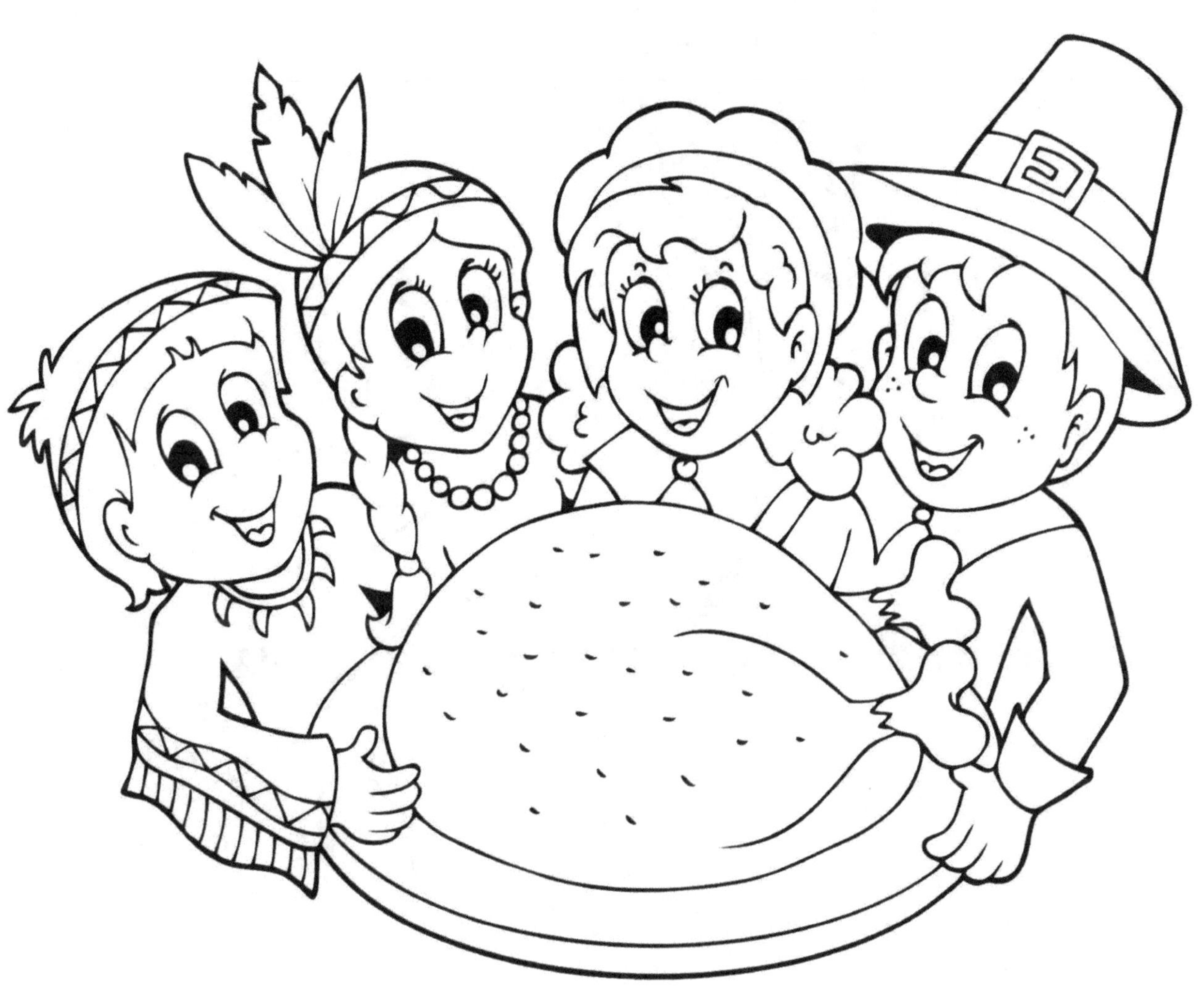

Punto a punto

Conecte los puntos y coloree

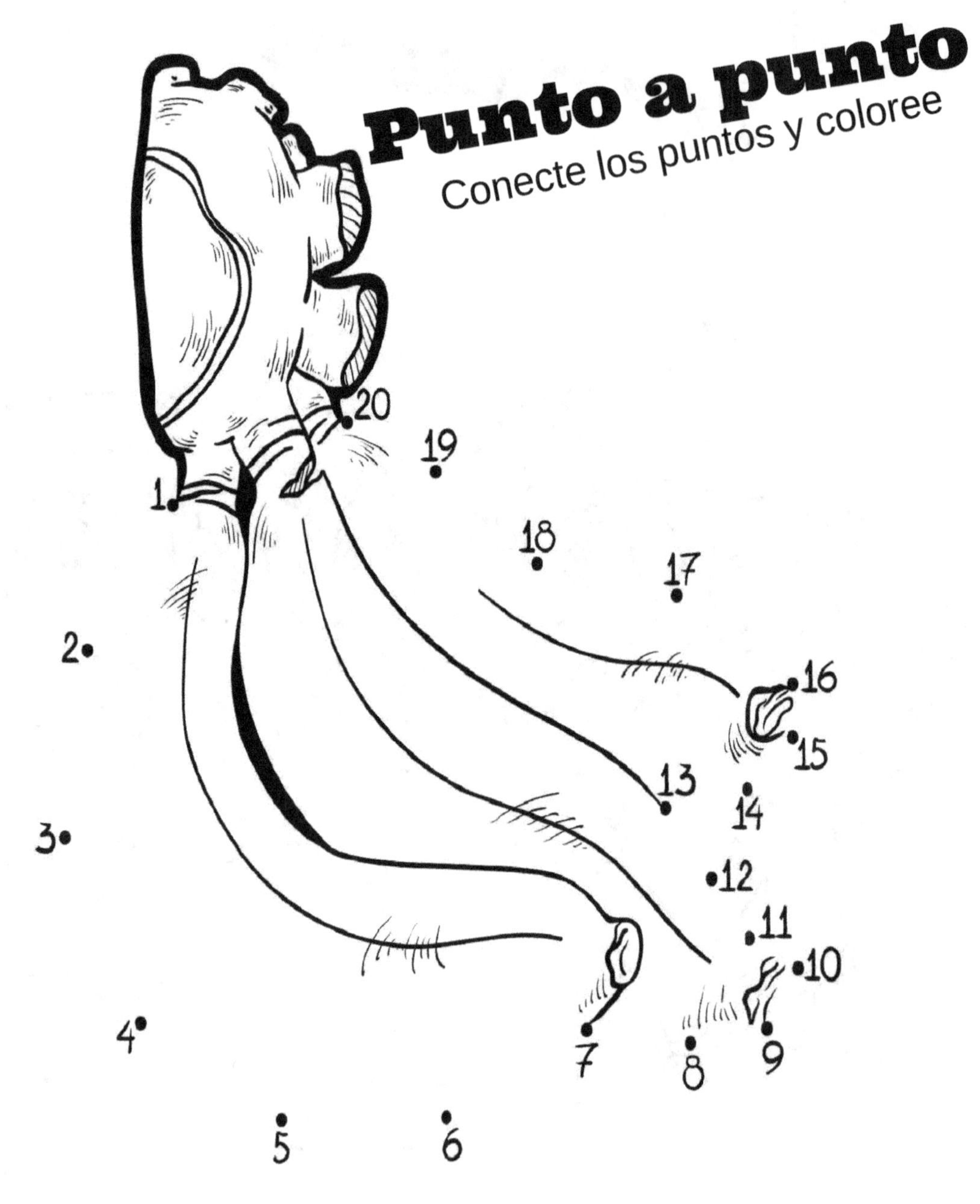

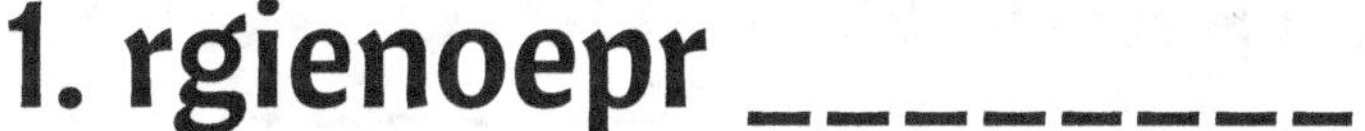

1. rgienoepr ___________
2. imaz ___________
3. saragc ___________
4. rcohasec ___________

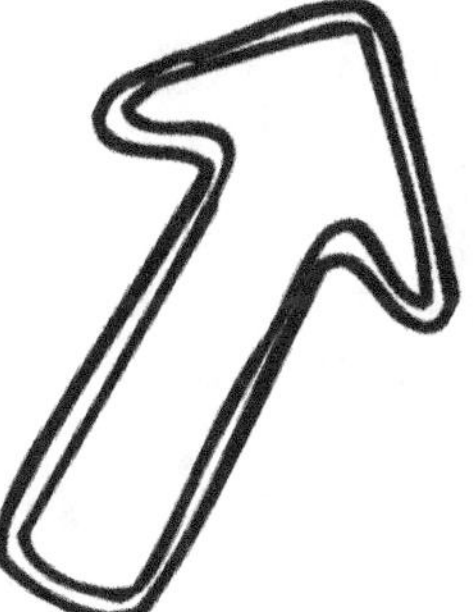

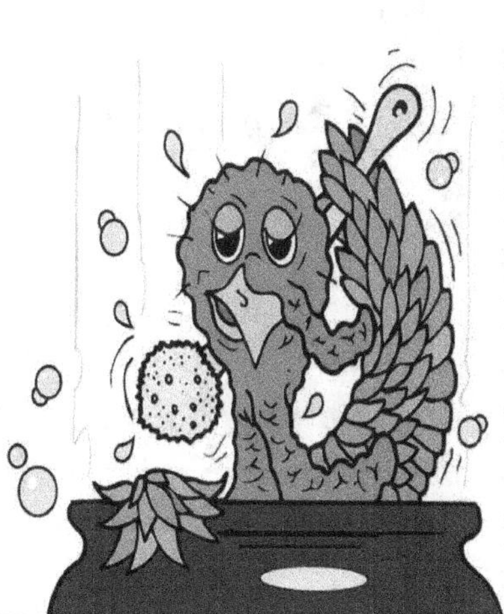

1. rgienoepr   peregrino
   ____
2. imaz   maiz
   ____
3. saragc   gracas
   ____
4. rcohasec   cosechar
   ____

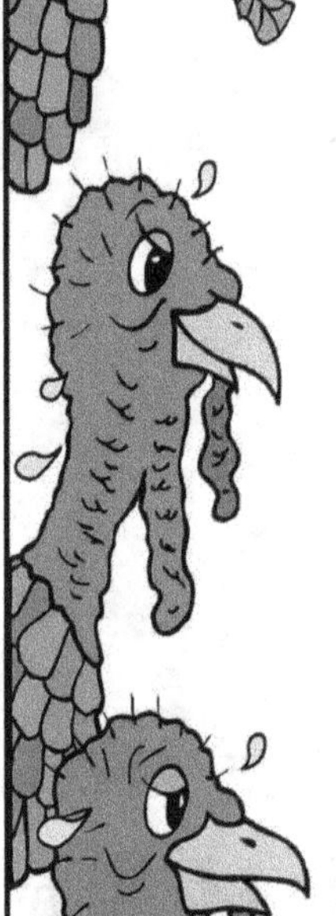

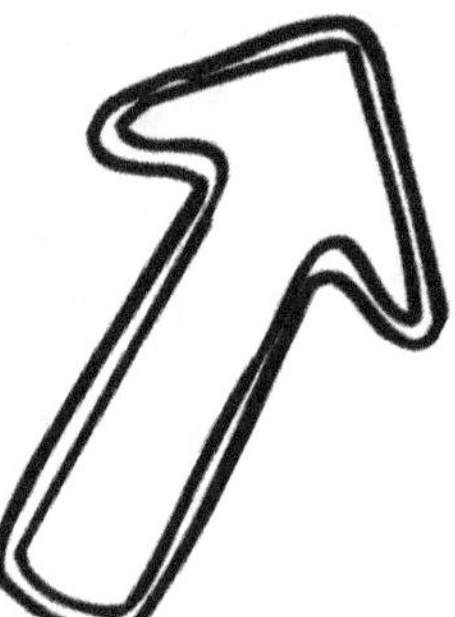

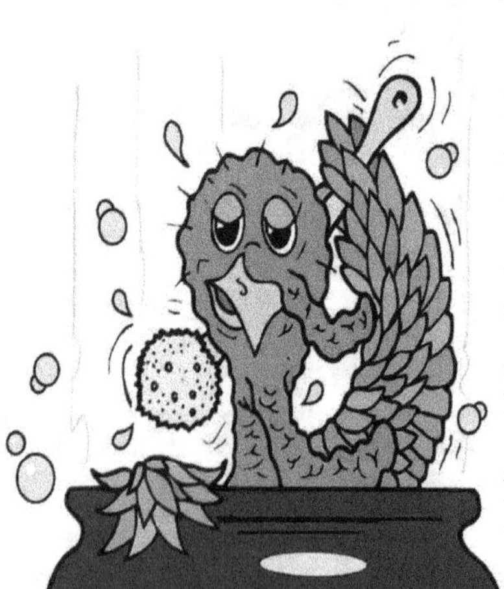

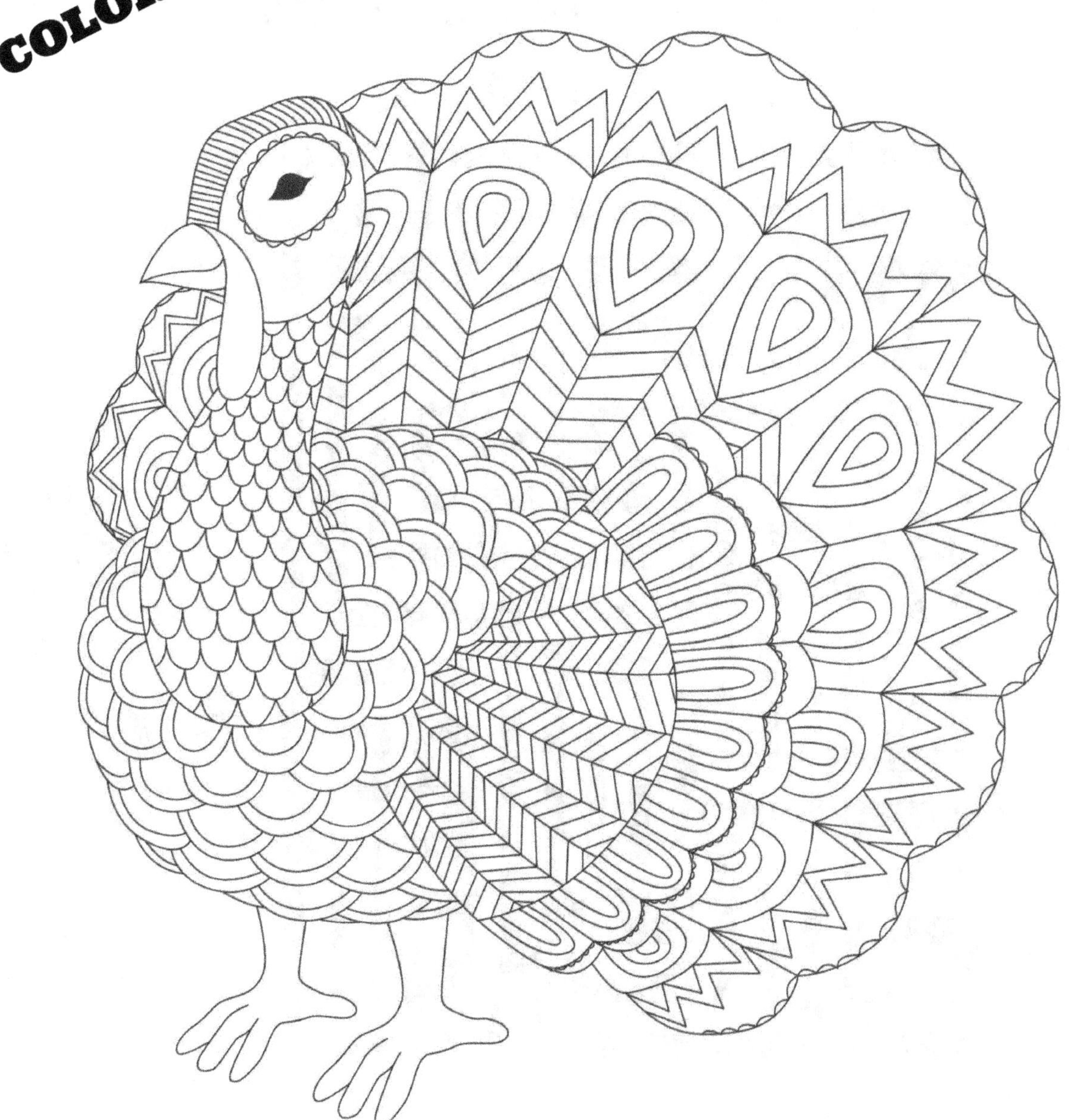
COLORÉAME!

Guíe al niño pequeño hacia la mesa!

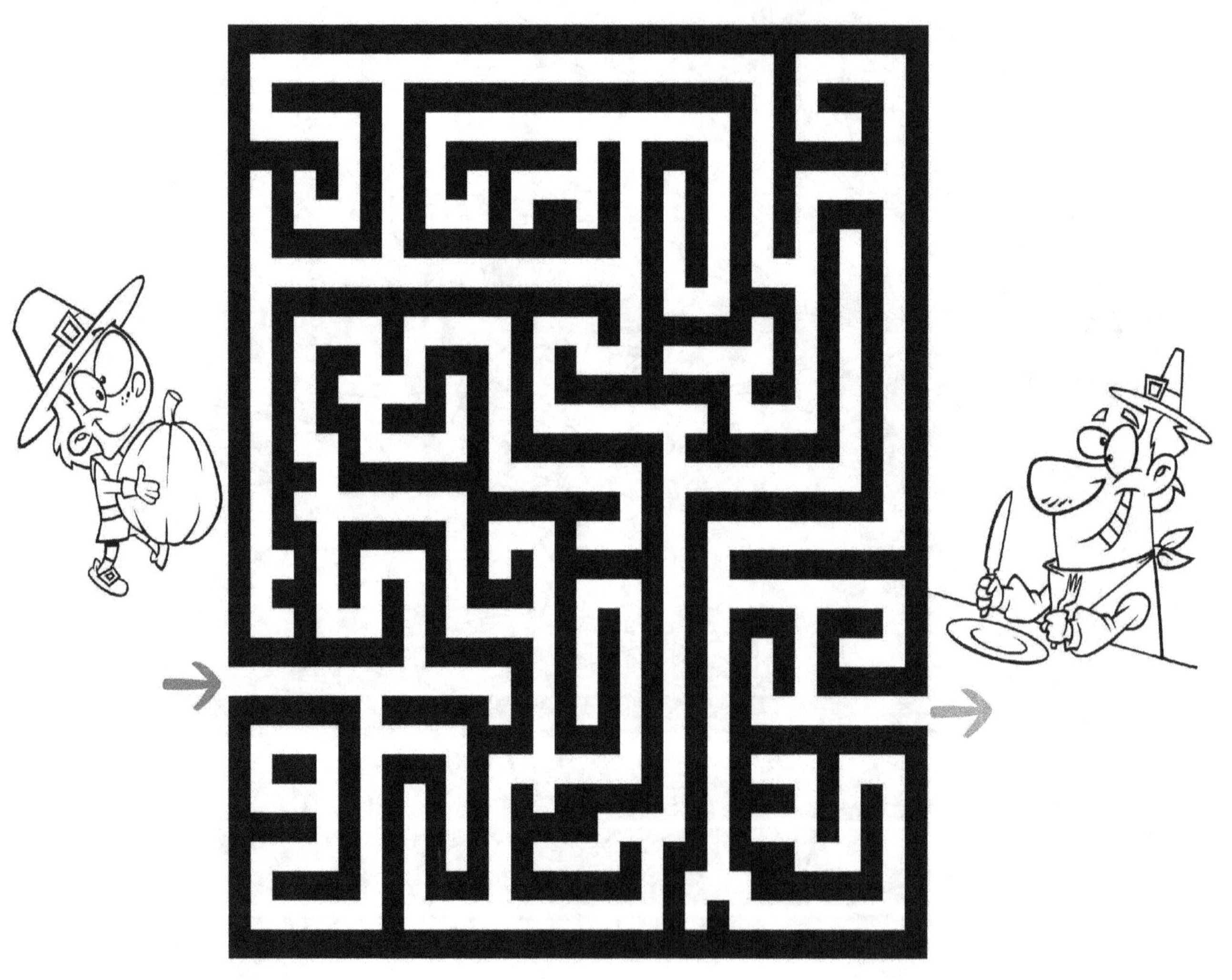

Conecte las imágenes adecuadas!

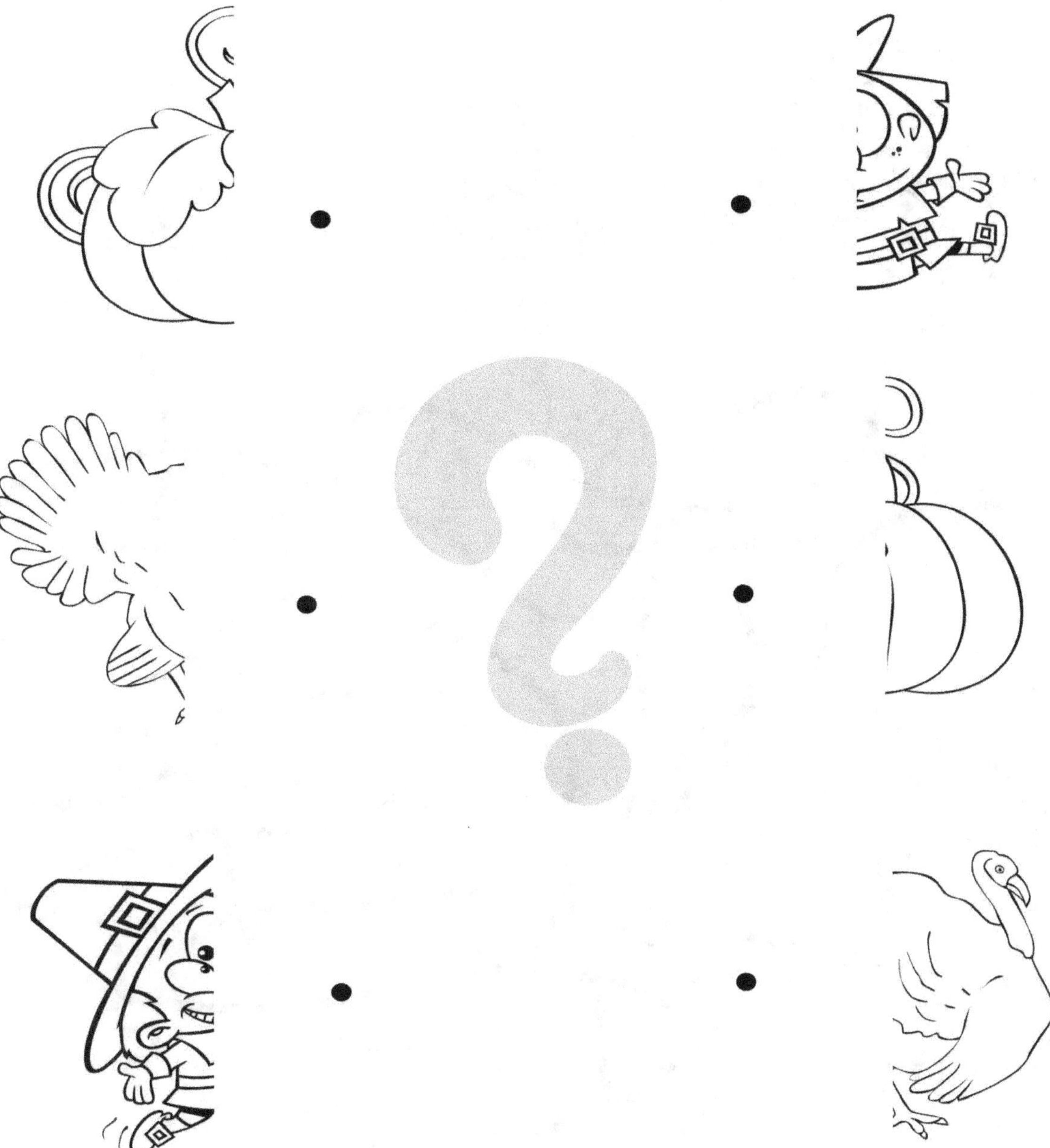

Fruta favorita

Dibuje la comida favorita del niño

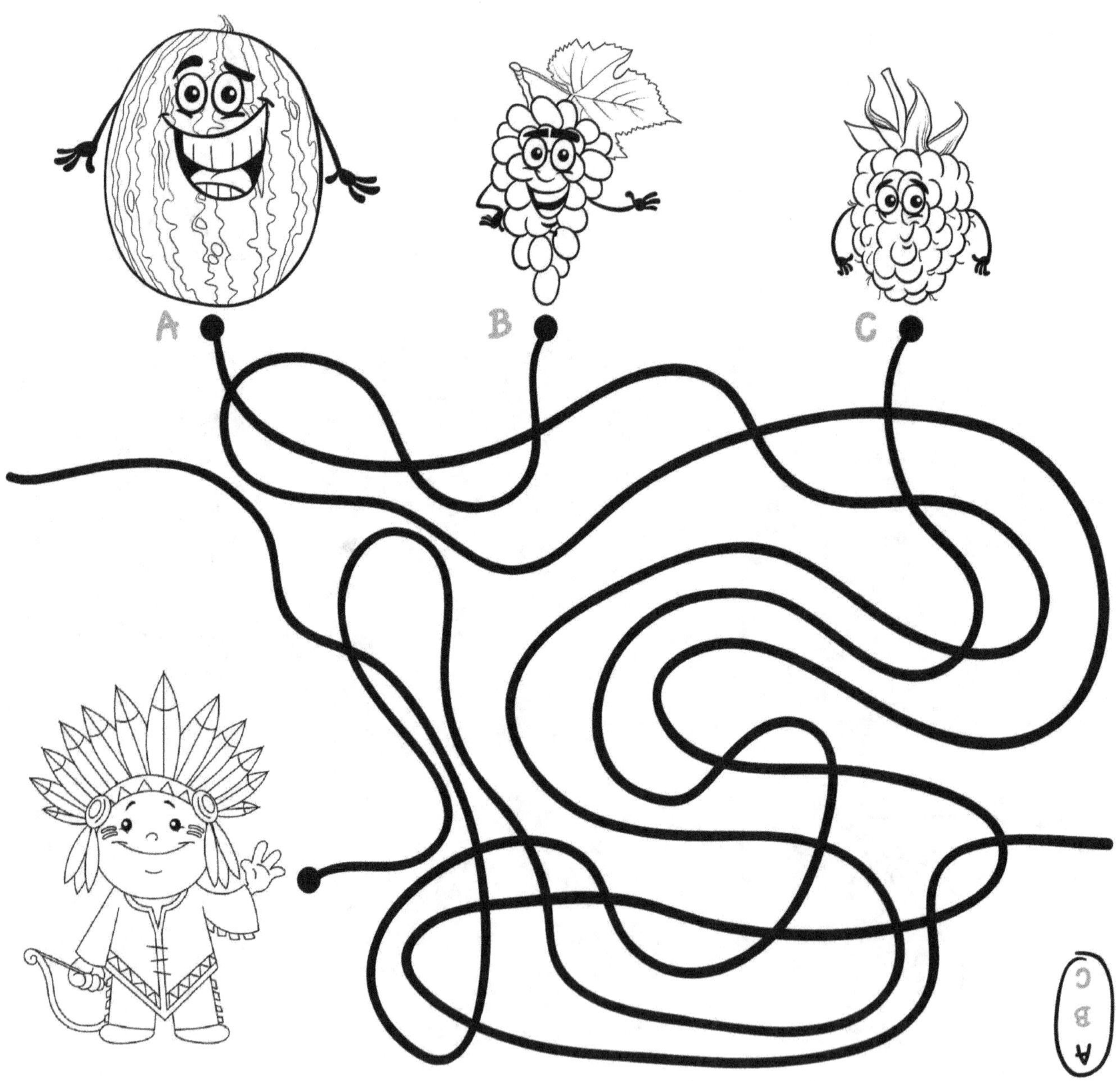

Punto a punto

Conecte los puntos y coloree

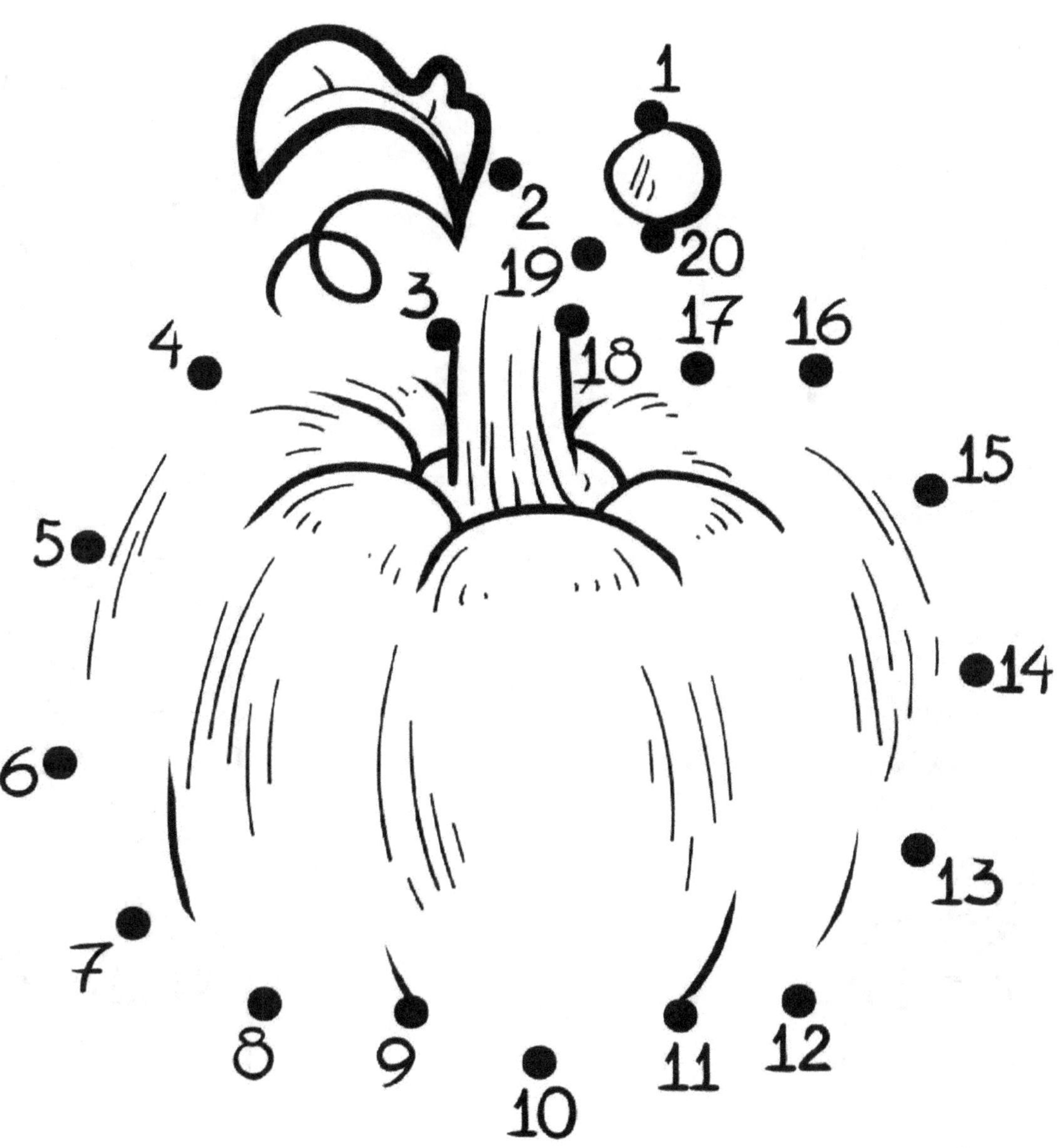

Conecte la fabricación adecuada con el producto!

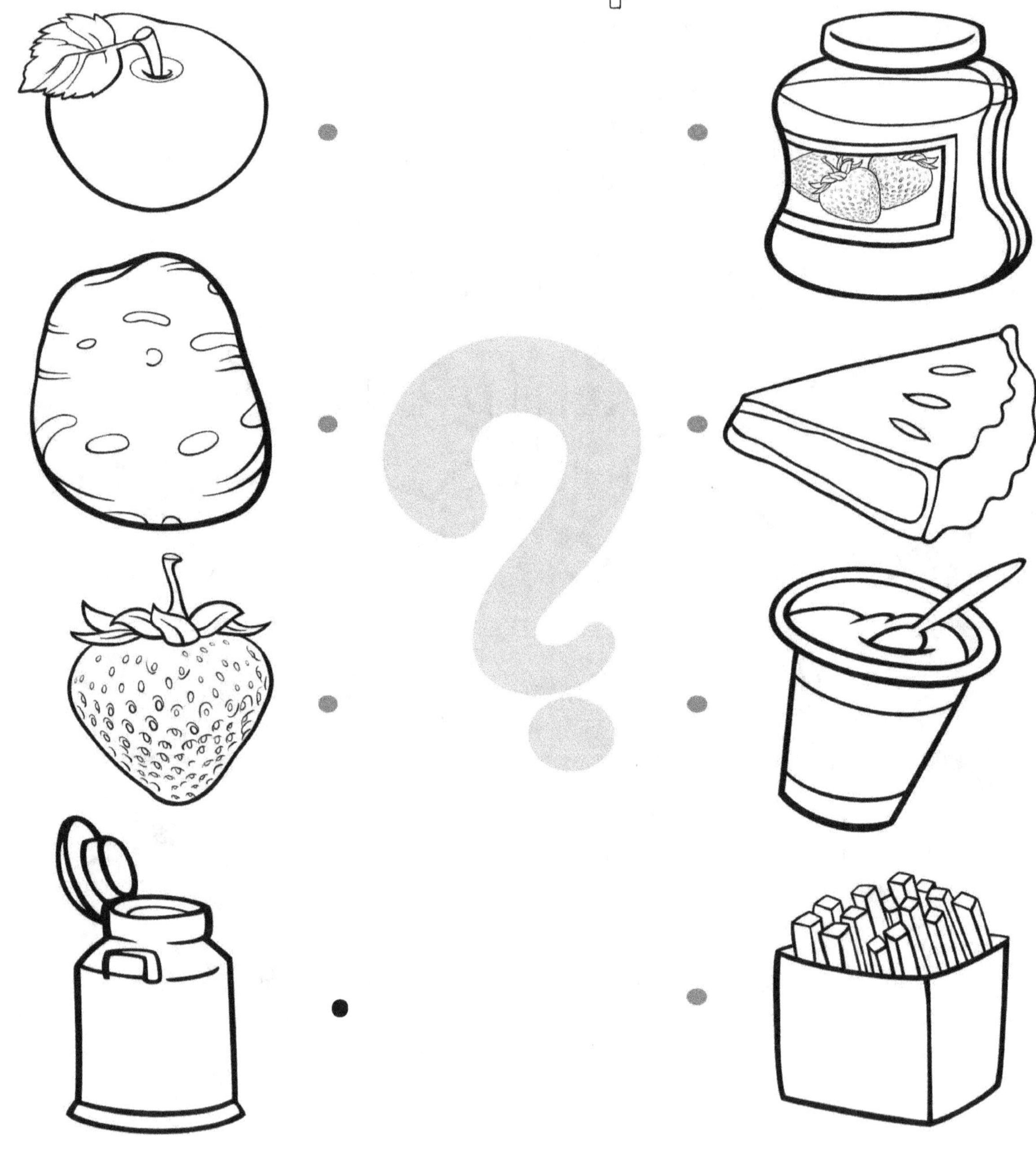

Ayude al peregrino a entregar la calabaza

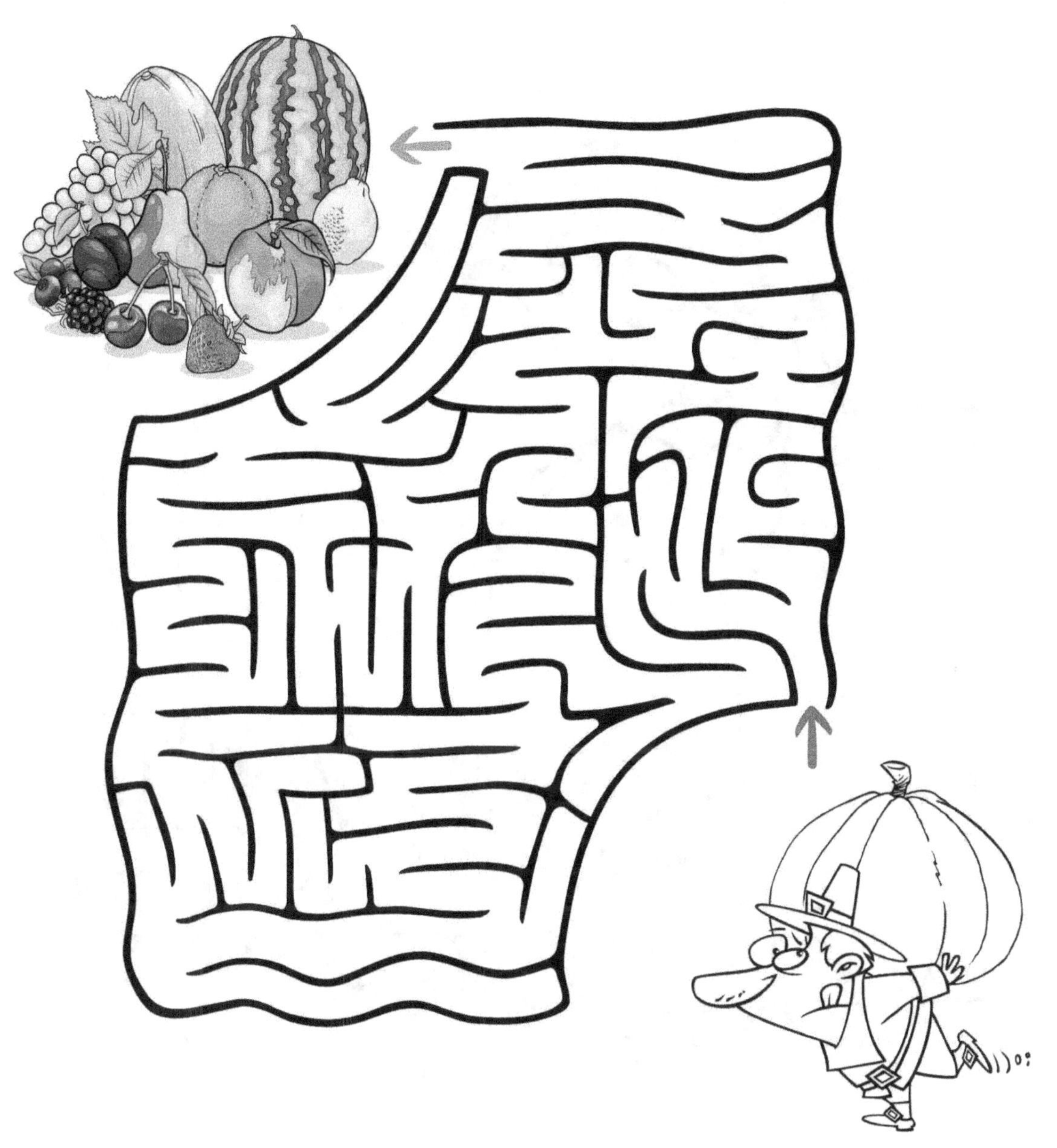

COLORÉAME!

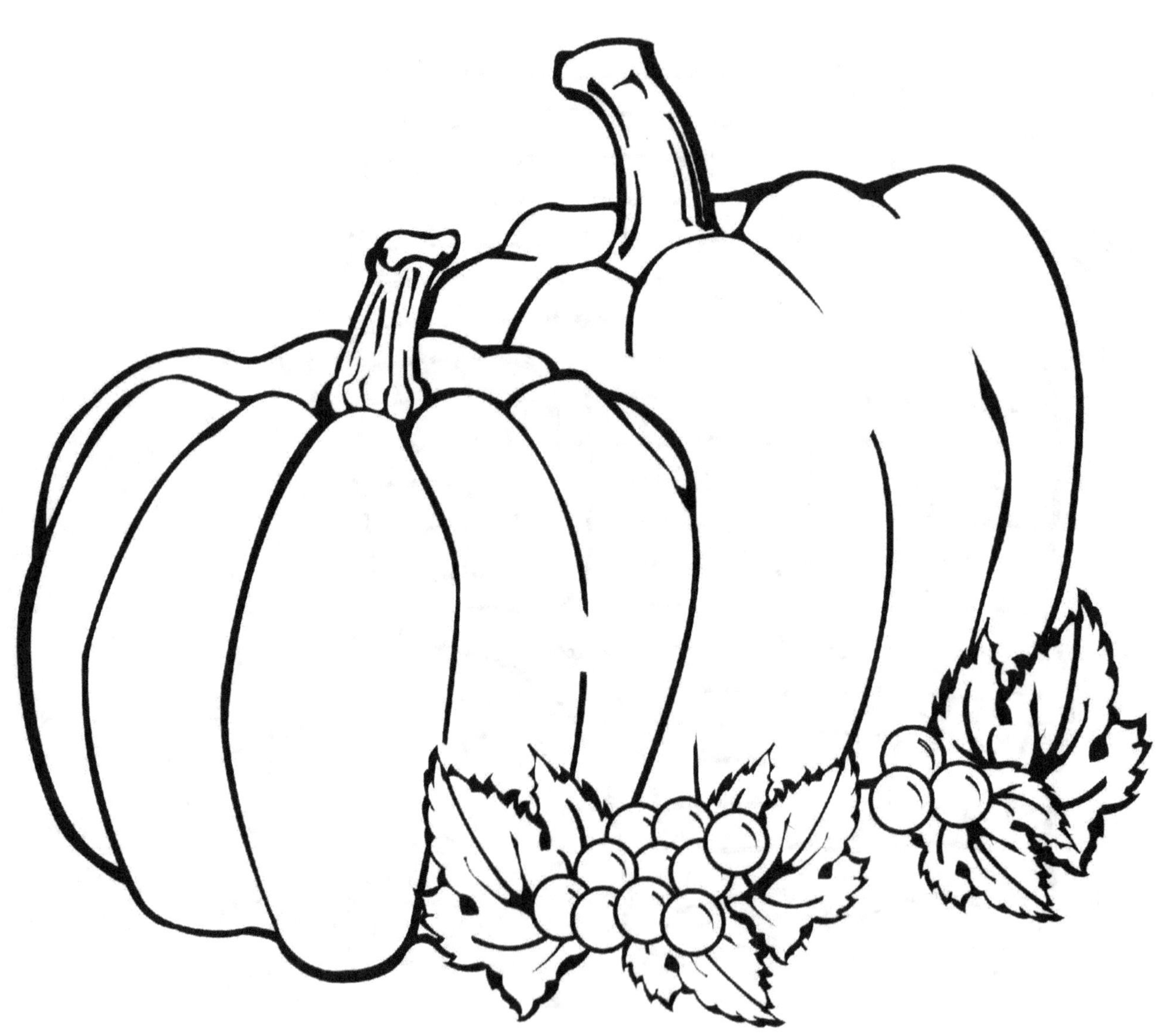

COSECHAR FRUTAS ROMPECABEZAS DE BÚSQUEDA DE PALABRAS!

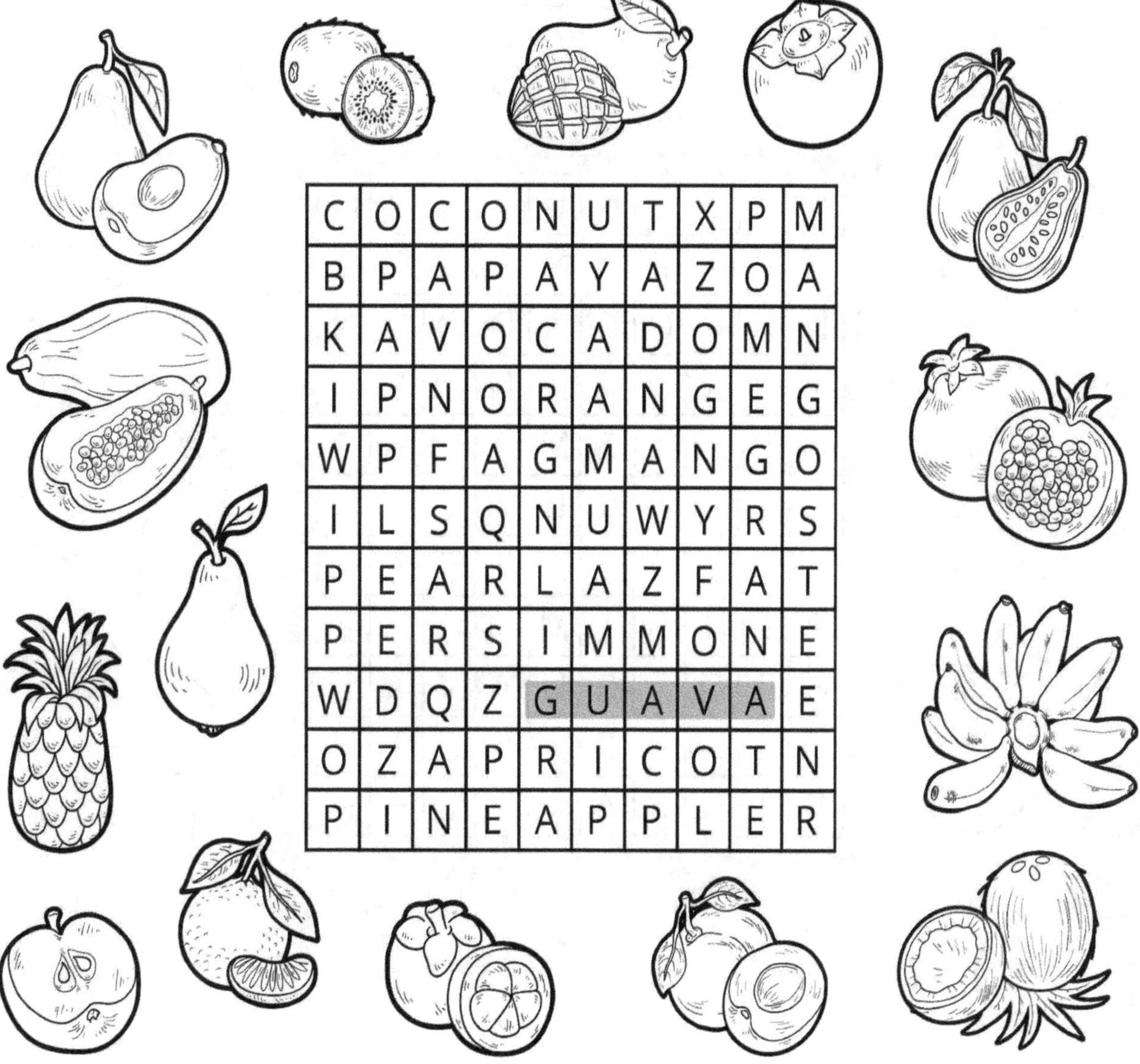

COSECHAR FRUTAS ROMPECABEZAS DE BÚSQUEDA DE PALABRAS!

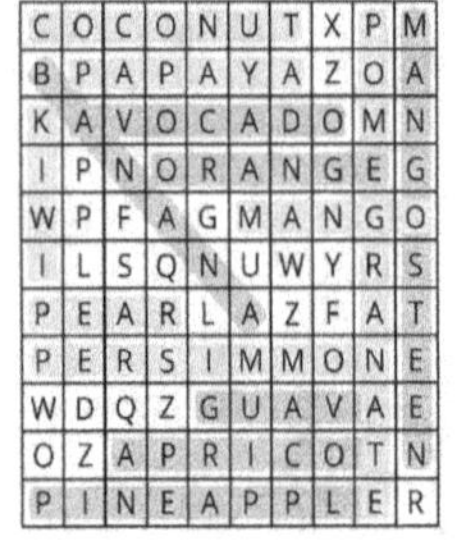
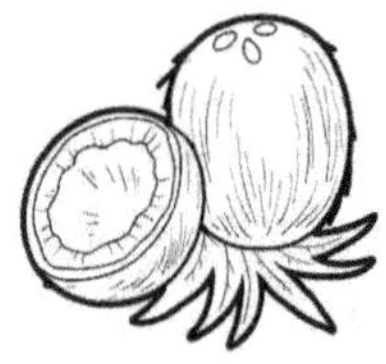
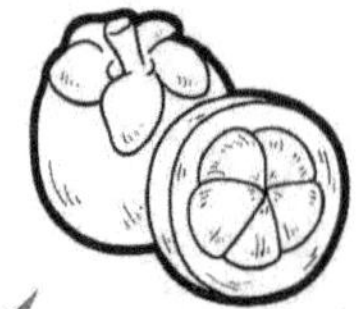
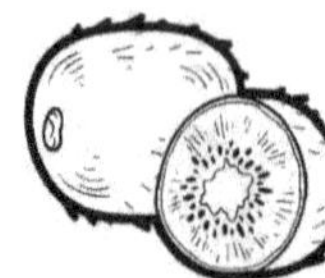

C	O	C	O	N	U	T	X	P	M
B	P	A	P	A	Y	A	Z	O	A
K	A	V	O	C	A	D	O	M	N
I	P	N	O	R	A	N	G	E	G
W	P	F	A	G	M	A	N	G	O
I	L	S	Q	N	U	W	Y	R	S
P	E	A	R	L	A	Z	F	A	T
P	E	R	S	I	M	M	O	N	E
W	D	Q	Z	G	U	A	V	A	E
O	Z	A	P	R	I	C	O	T	N
P	I	N	E	A	P	P	L	E	R

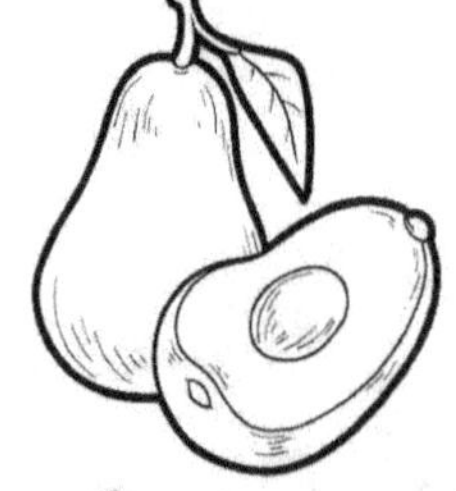
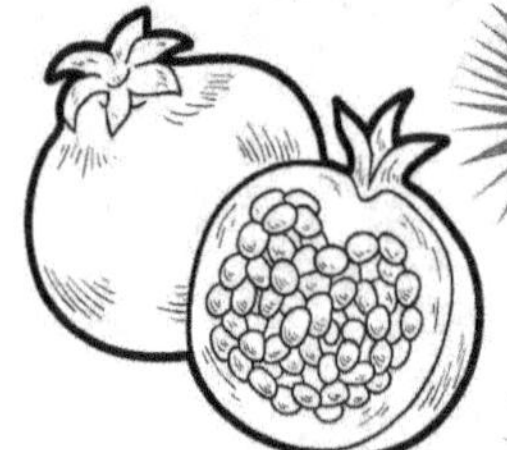
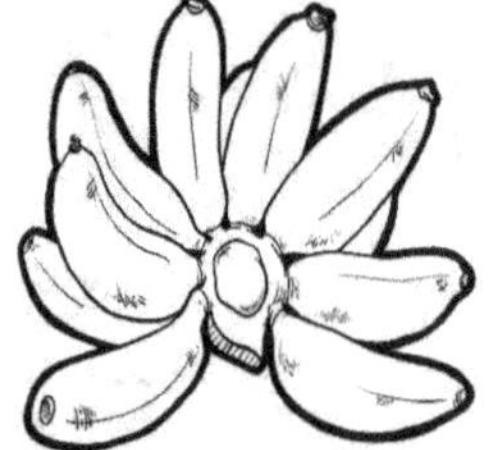
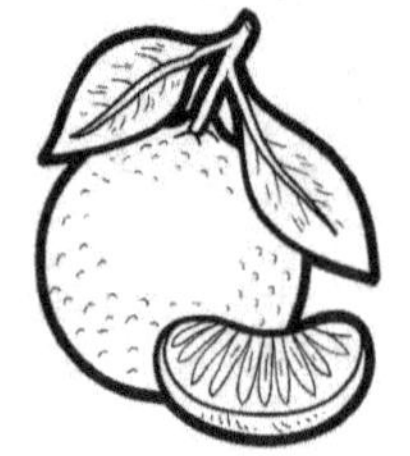
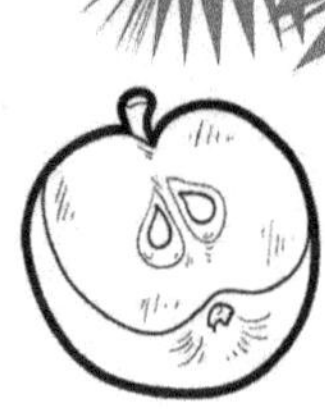
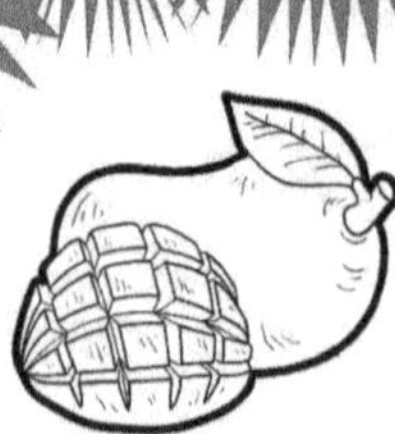
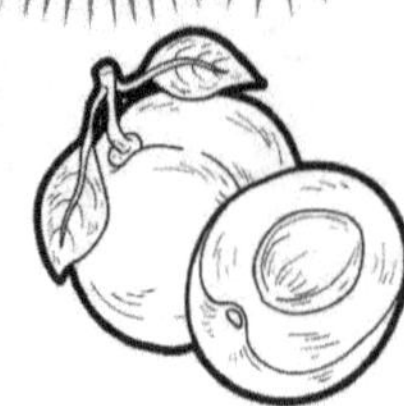
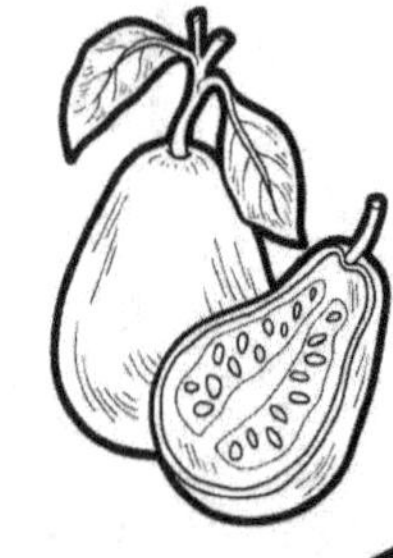
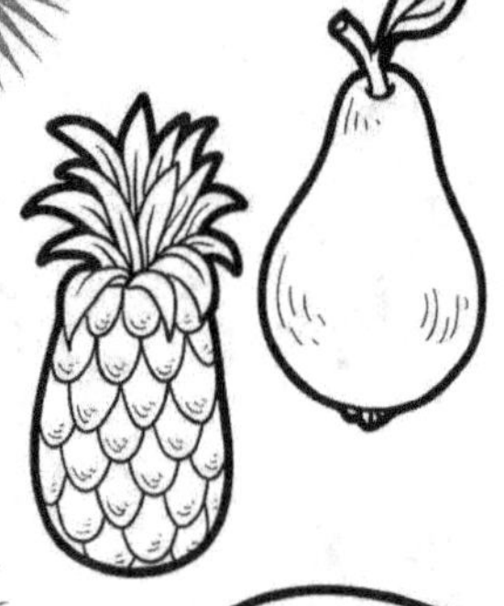
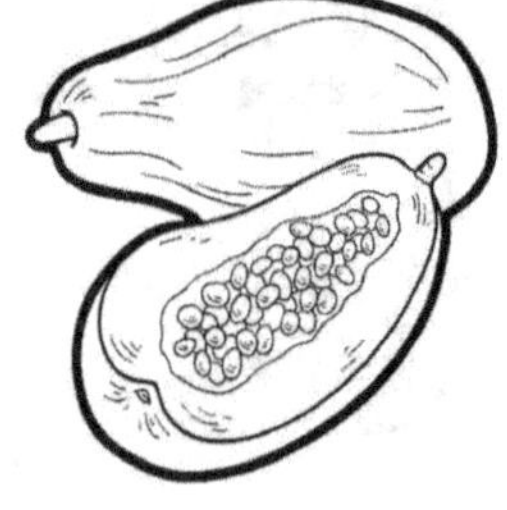
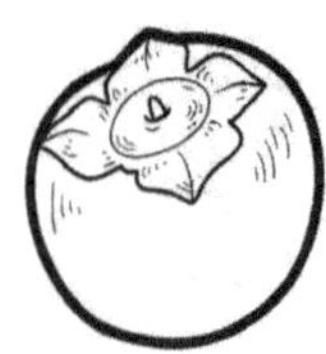

Ayude a Tom a llegar hasta la tarta

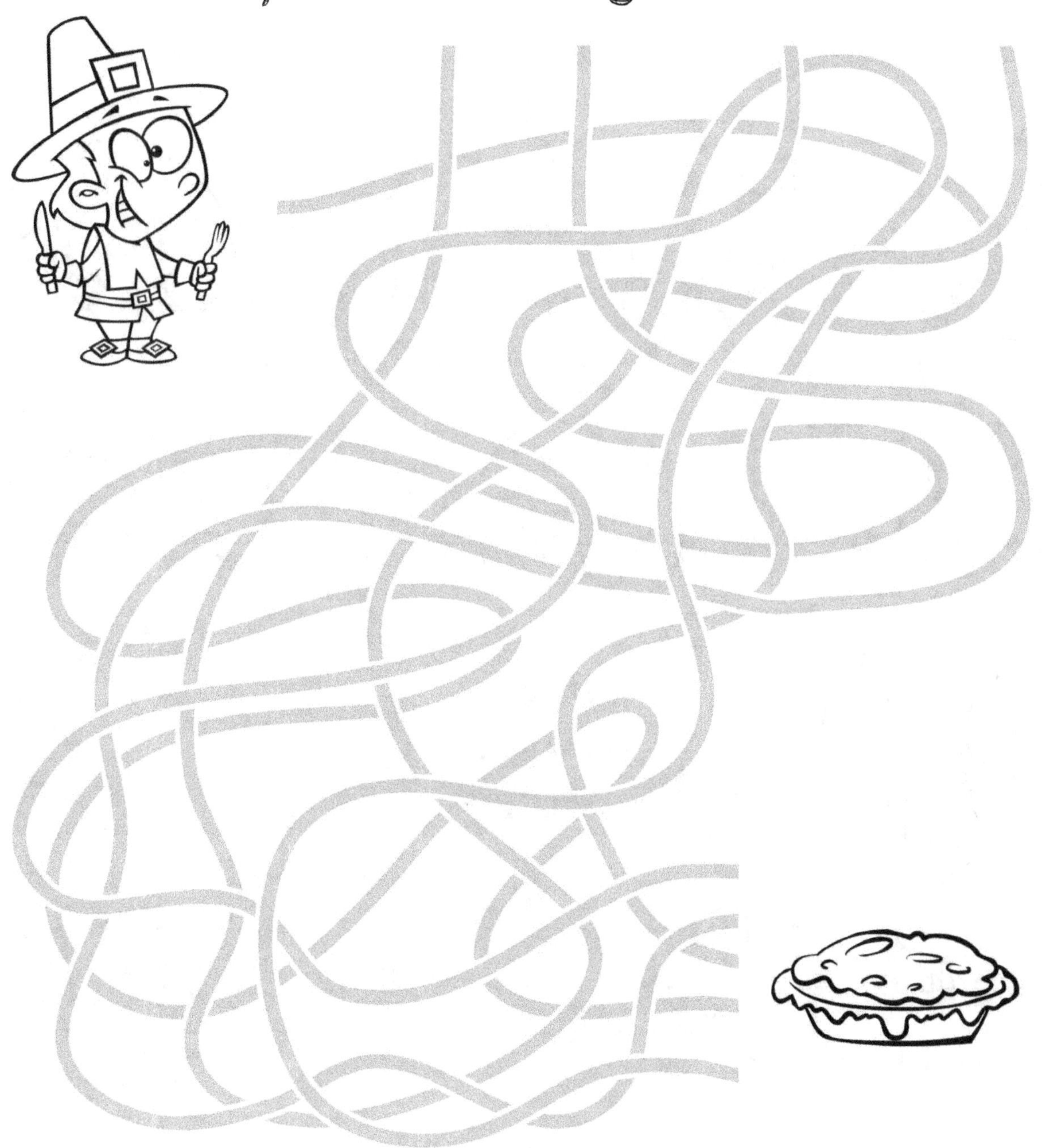

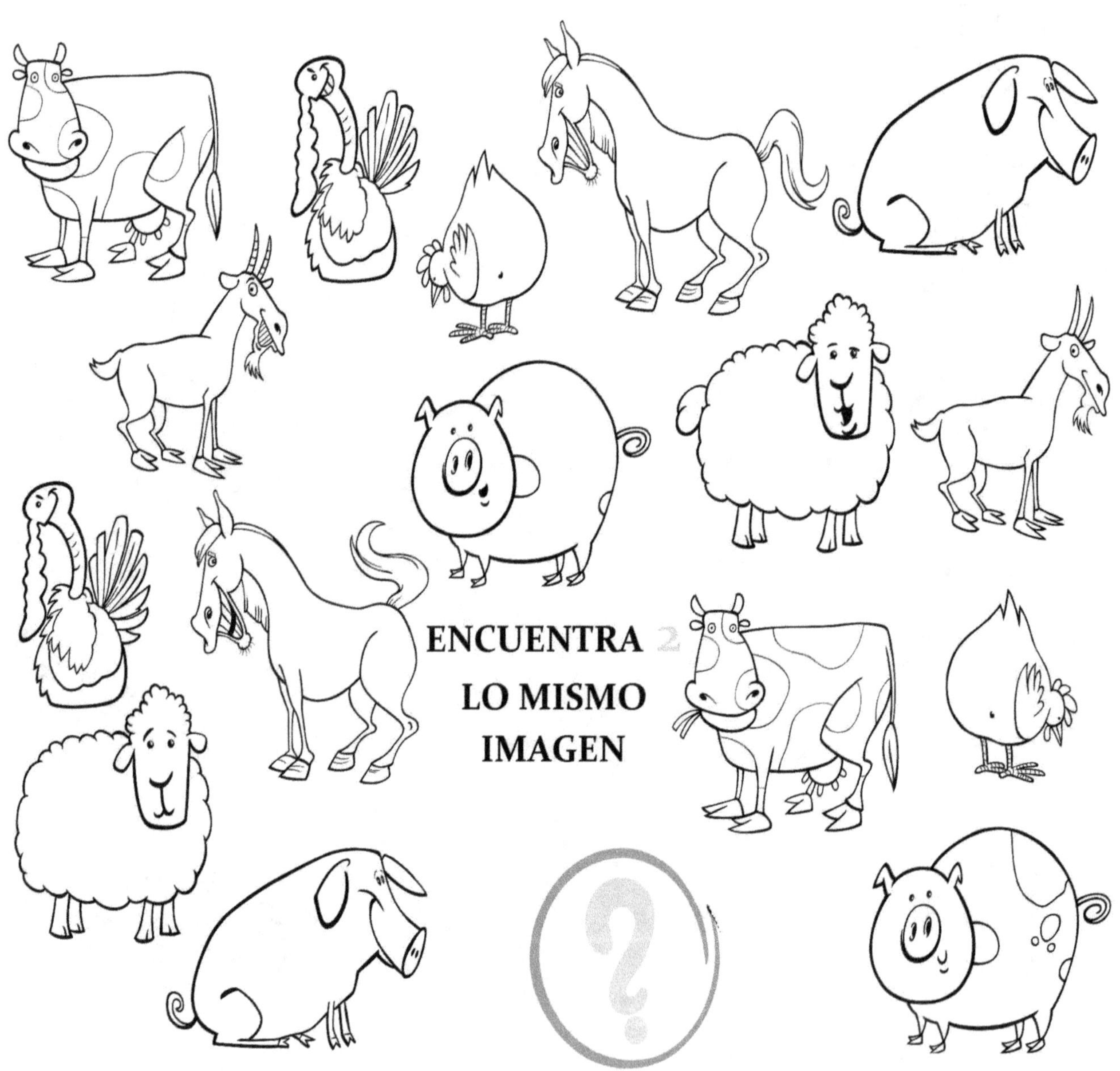

ENCUENTRA
LO MISMO
IMAGEN

Trace el camino desde el autobús!

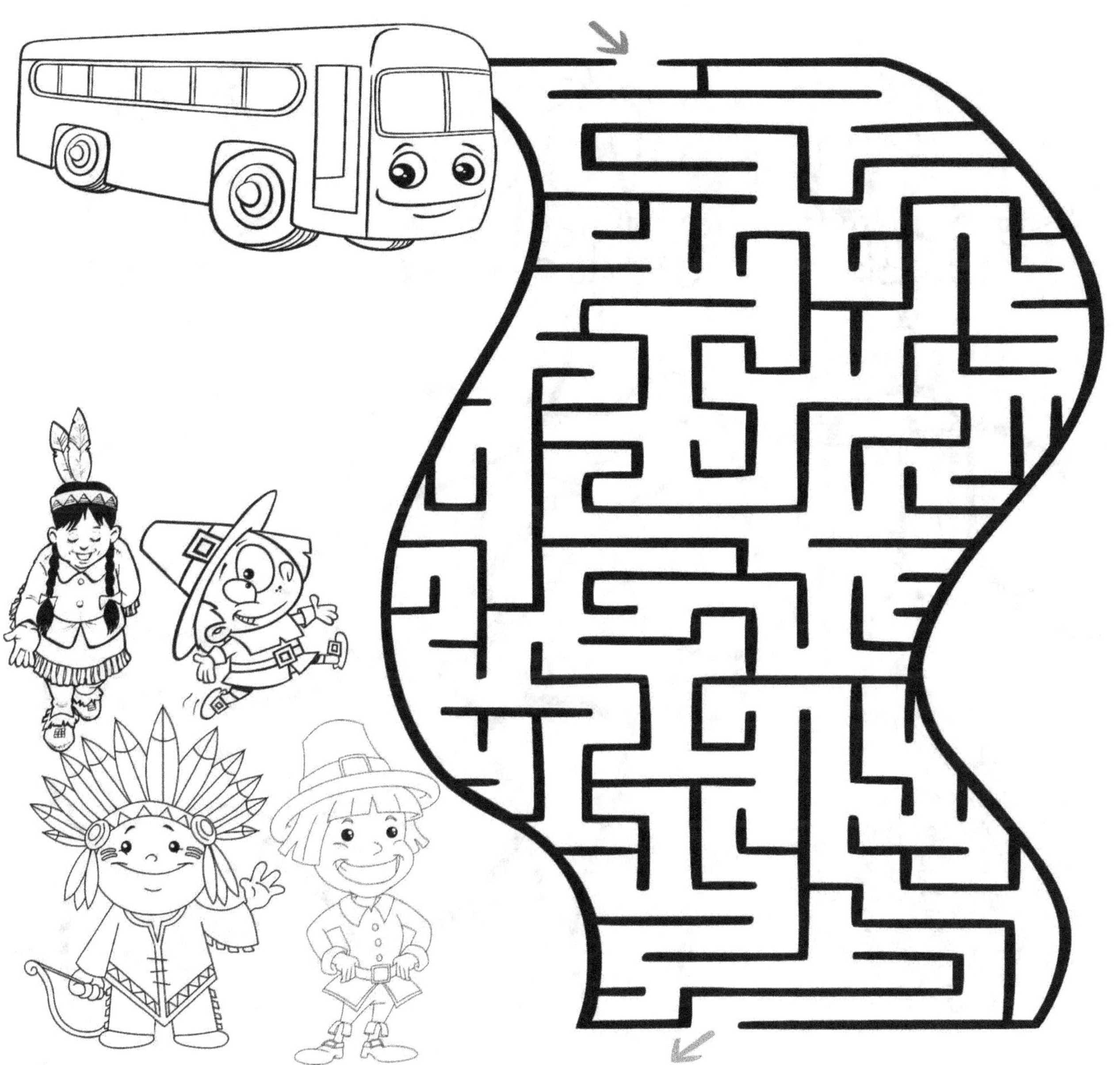

TRACE!

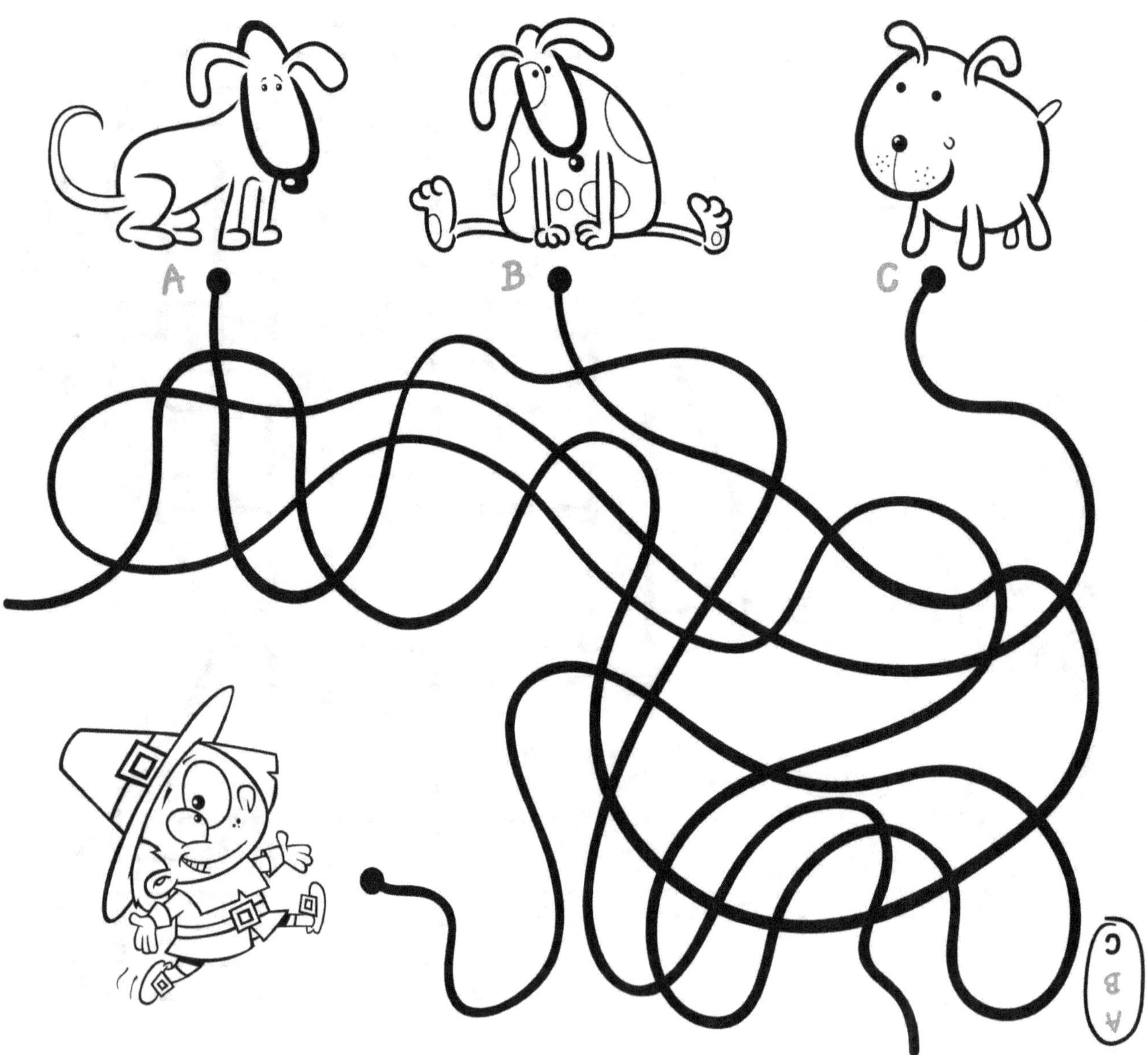

Rellene los cuadros!

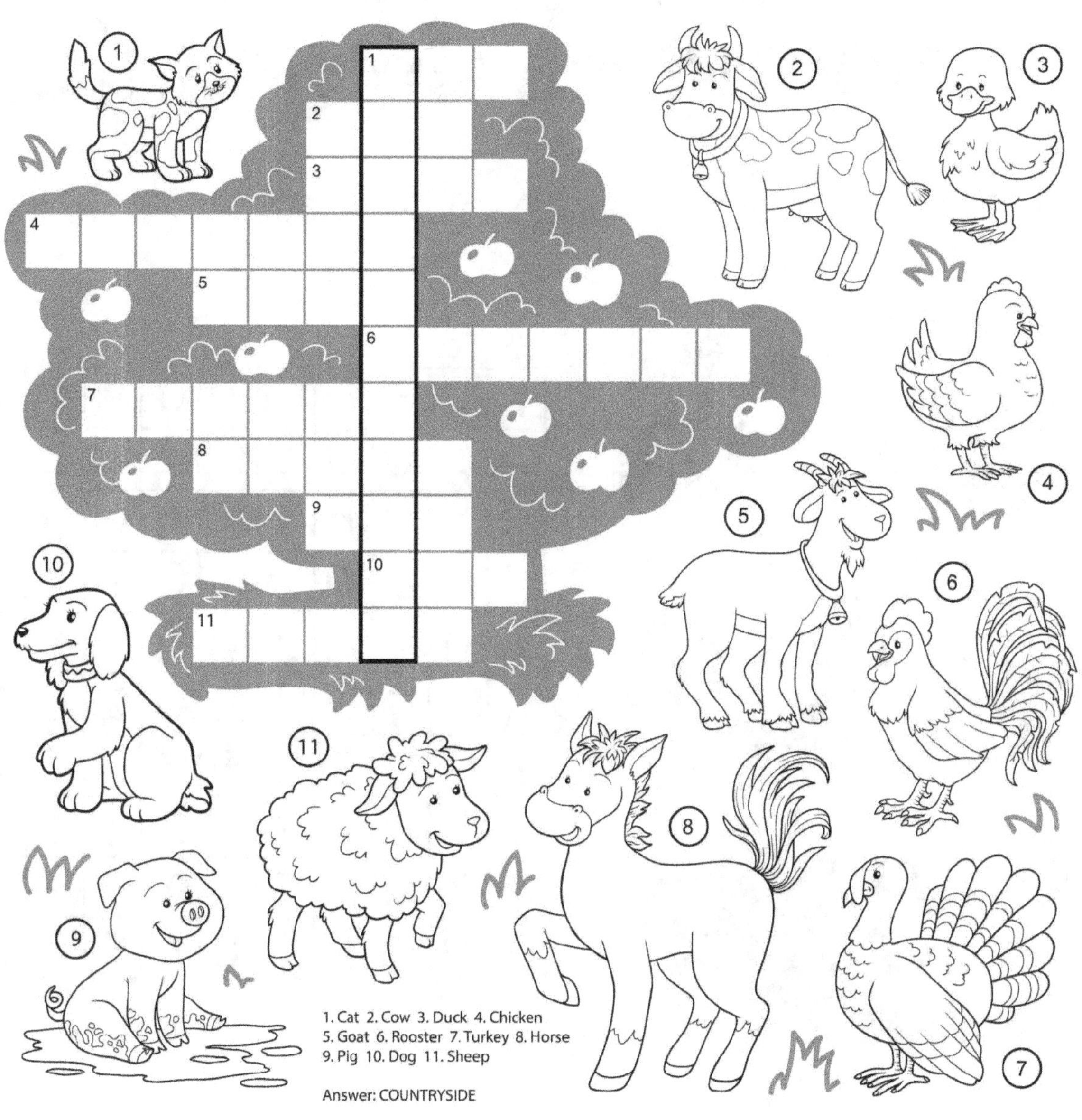

Búsqueda de animales de granja.

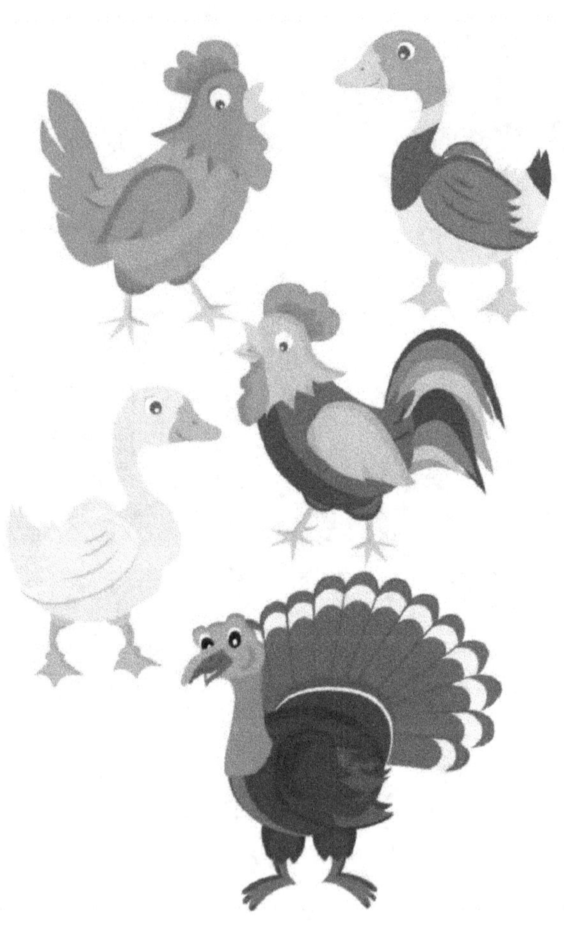

Answer: gobbler, goose, hen, rooster, duck

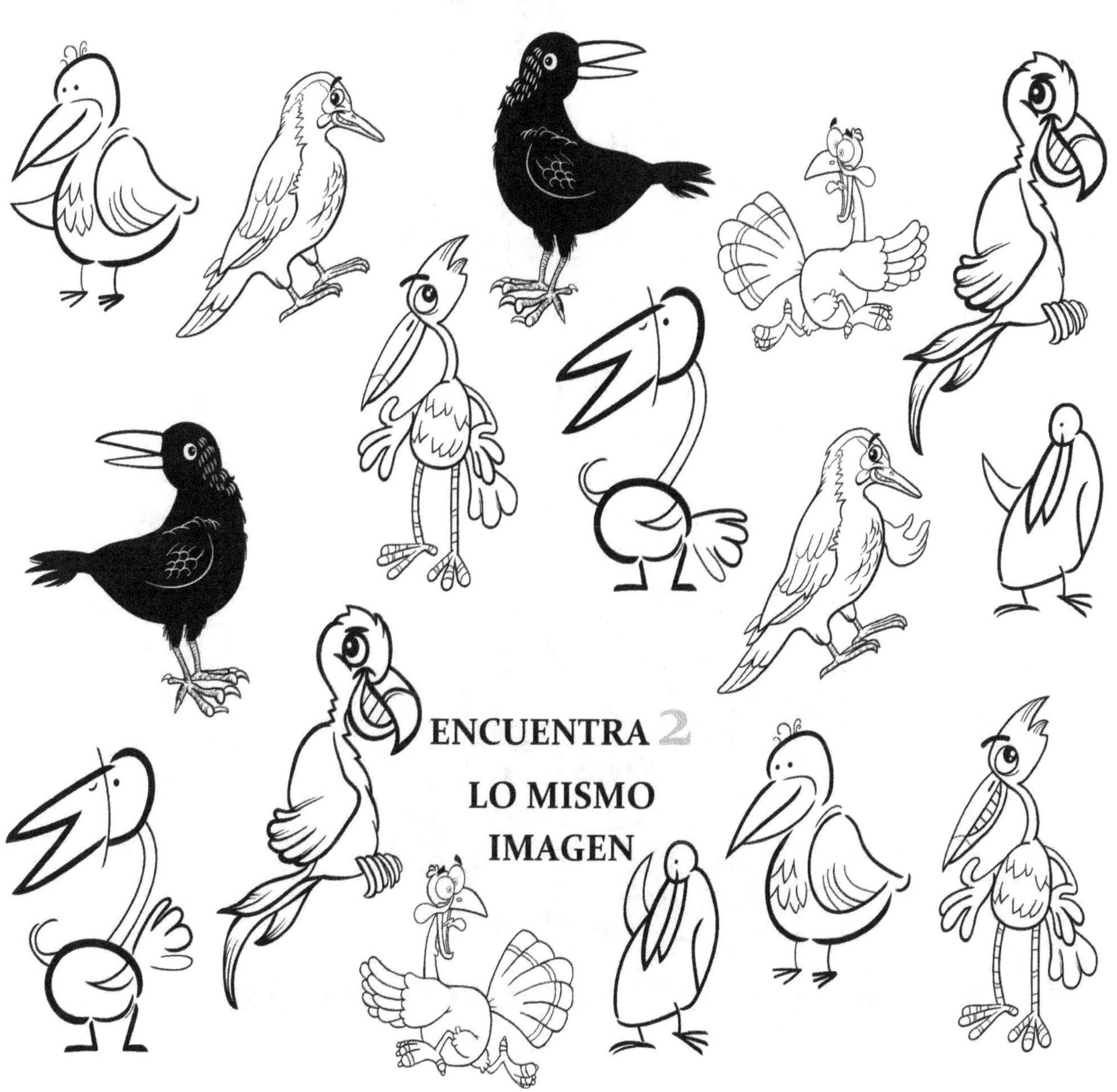

ENCUENTRA 2
LO MISMO
IMAGEN

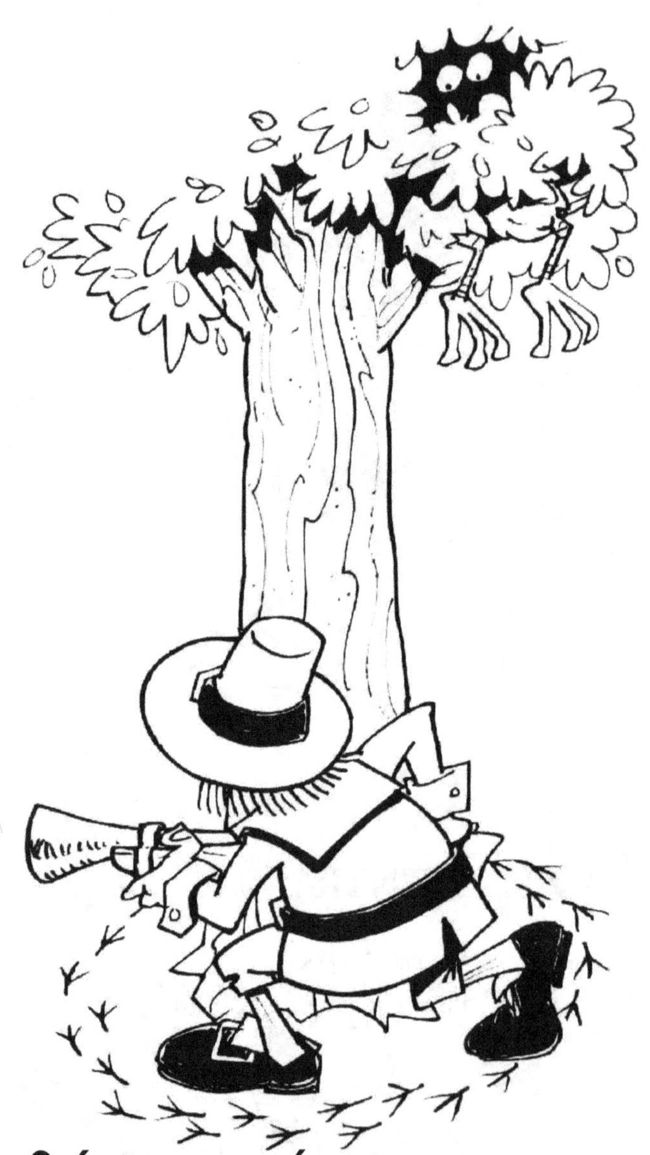

¿Dónde está el pavo escondido?
CIRCULALO!

Ayude a cada cazador a encontrar su pavo

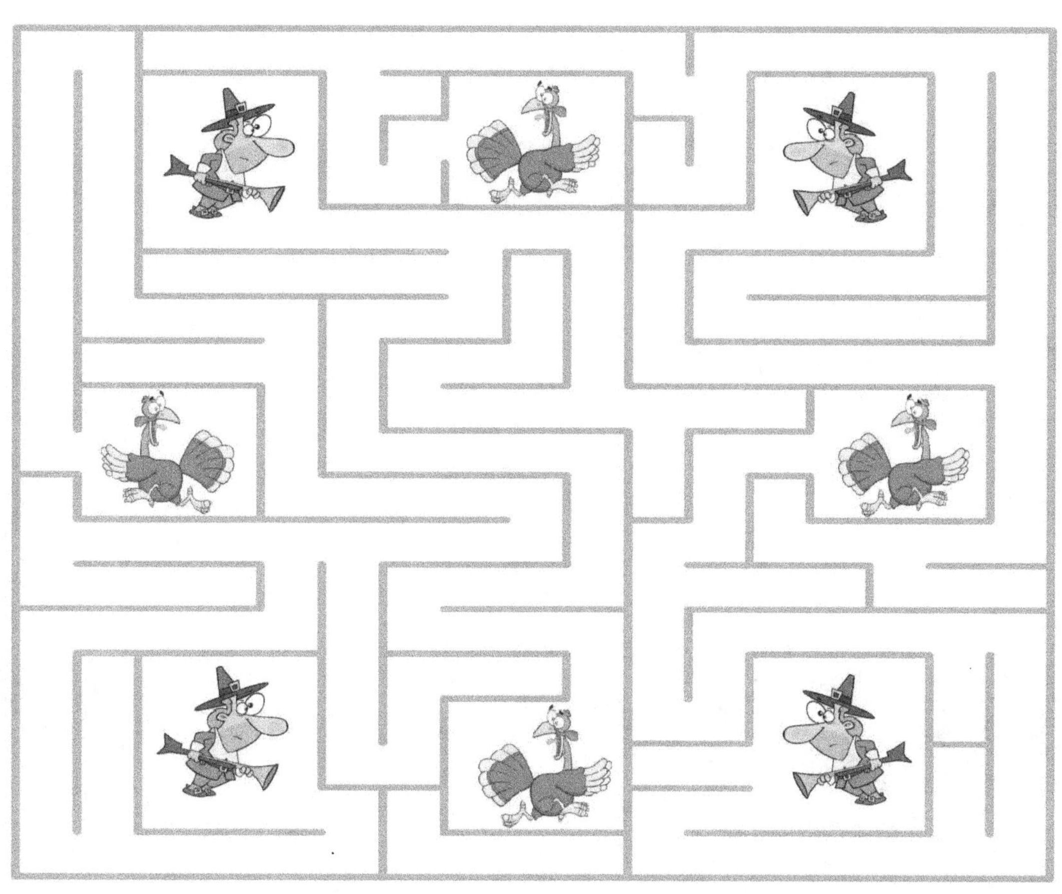

Ayude a cada cazador a encontrar su pavo

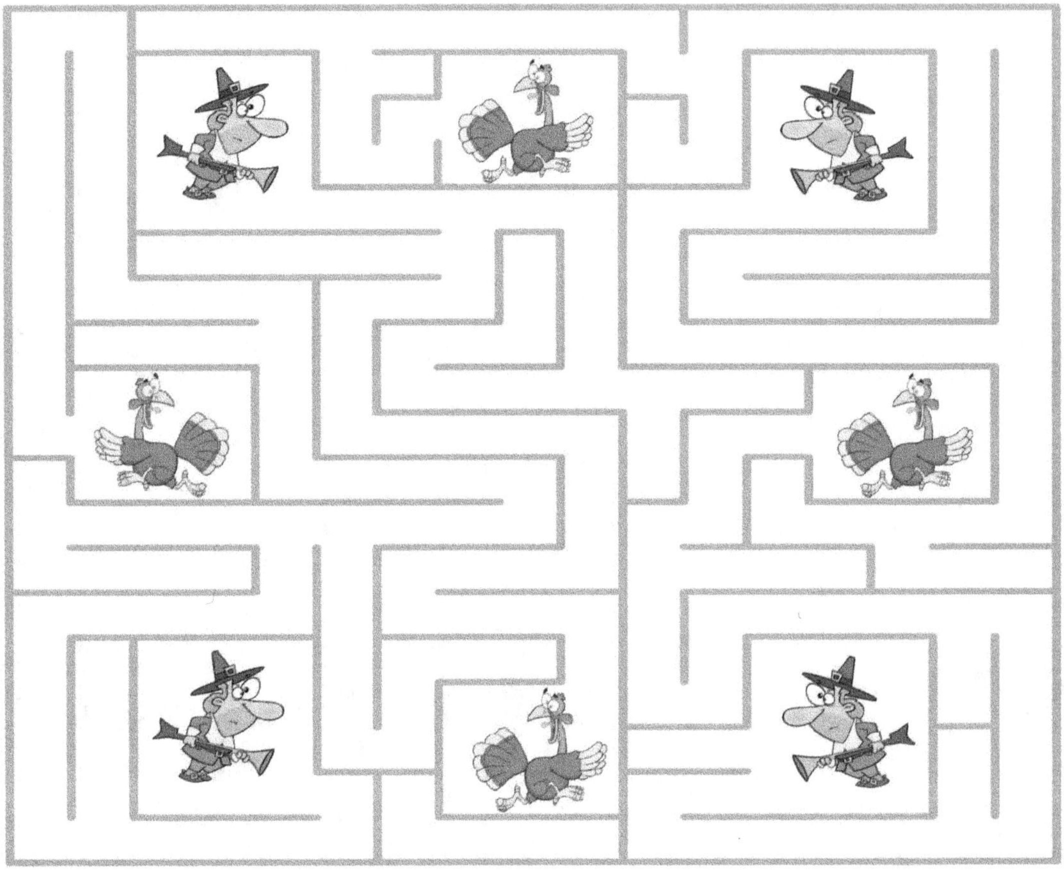

ANSWER: 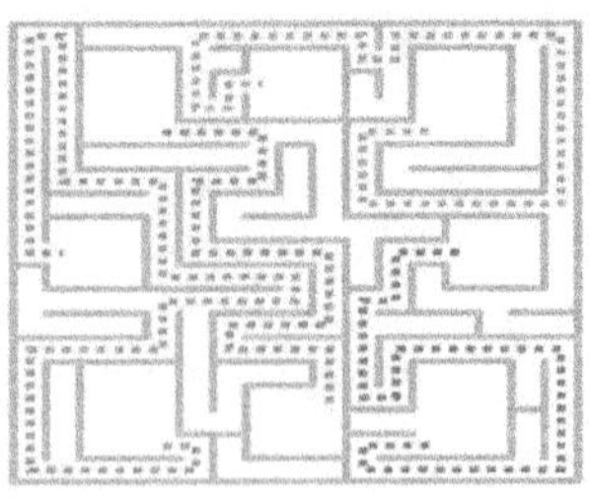

CIRCLE LA SOMBRA DE LOS TURQUIOS

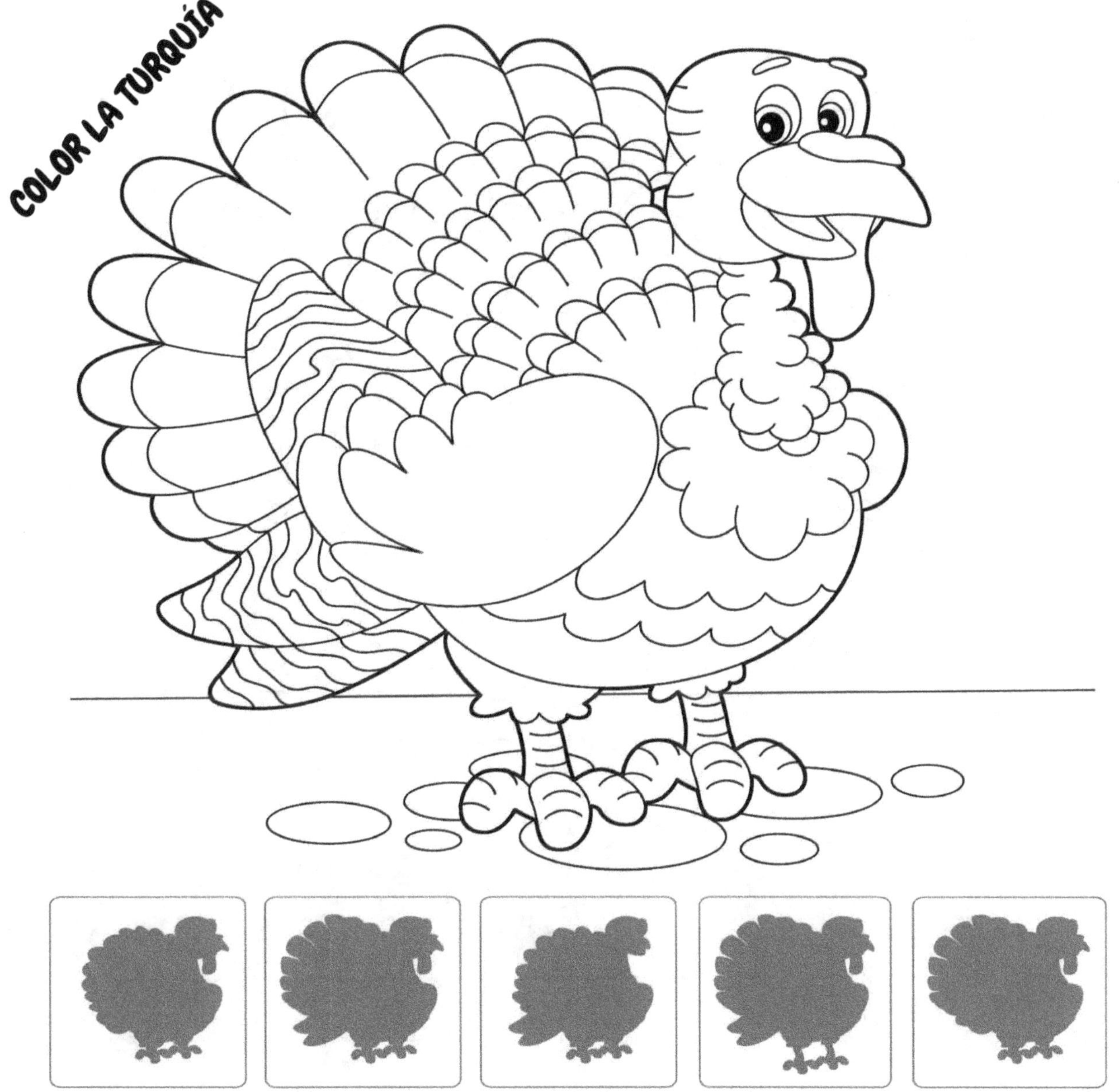

CIRCLE LA SOMBRA DE LOS TURQUIOS

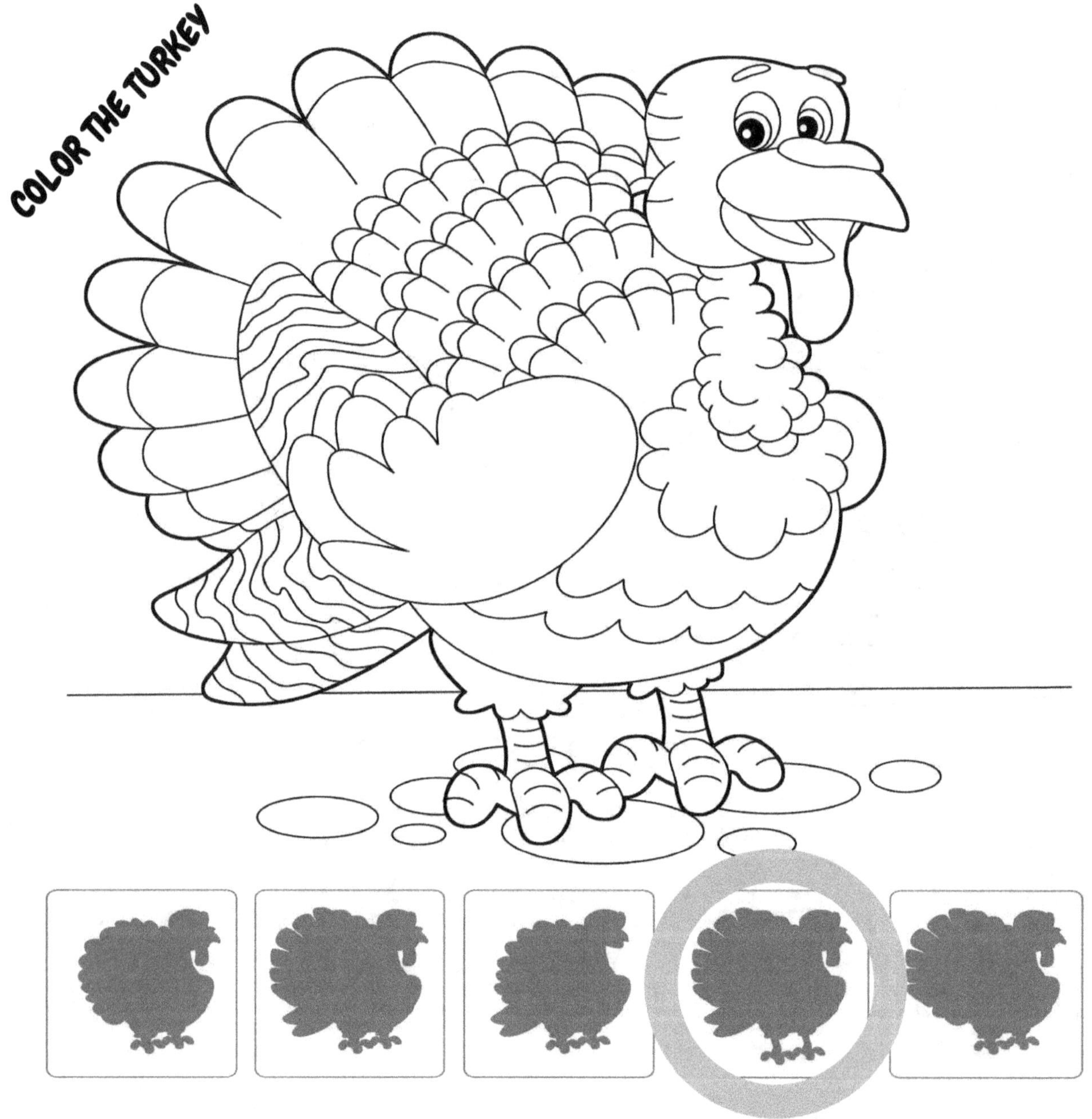

Qué es lo que ve

Encuentre los alfabetos perdidos

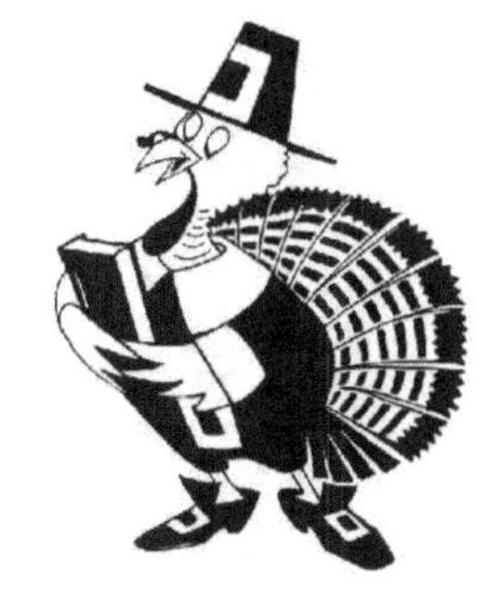

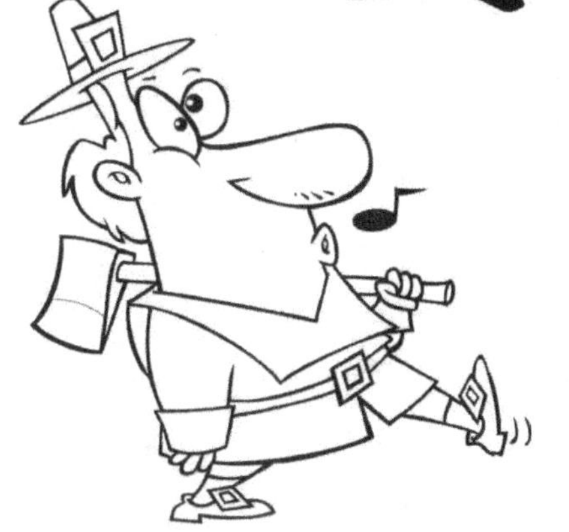

P _ _ E _ R I _ _

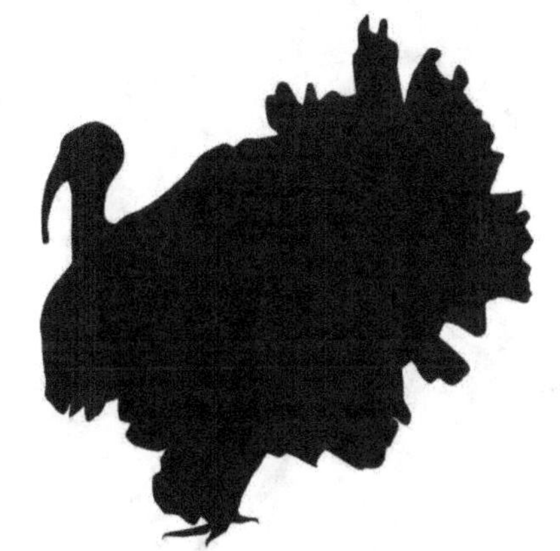

T _ _ Q _ Í

A

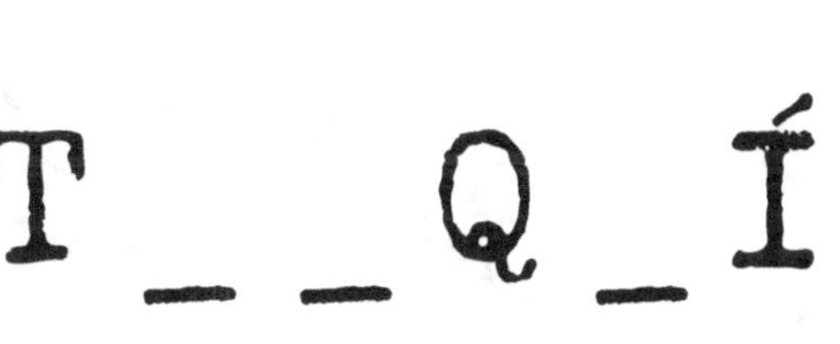

CU _ _ NO _ E _ A

A _ U _ _ ANC _ _

Punto a punto!
Connect the dots and color

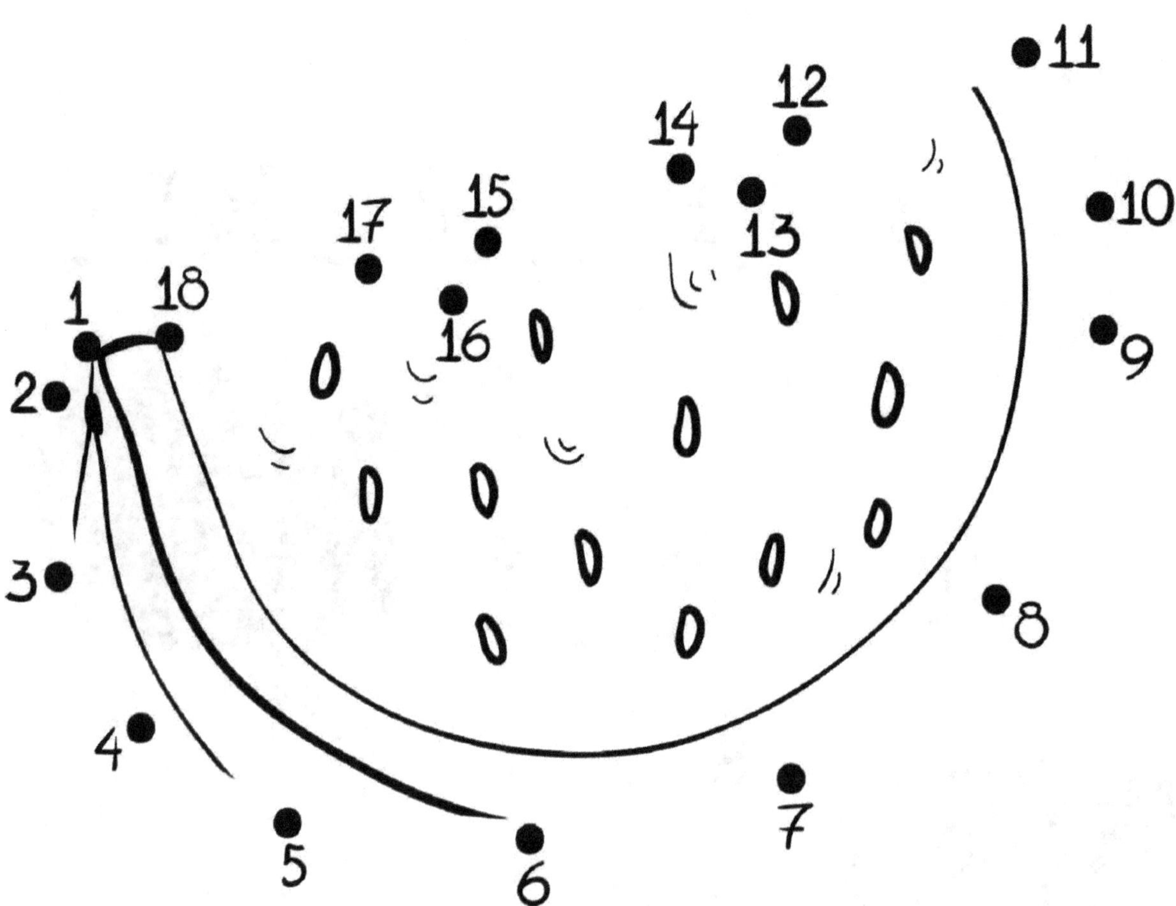

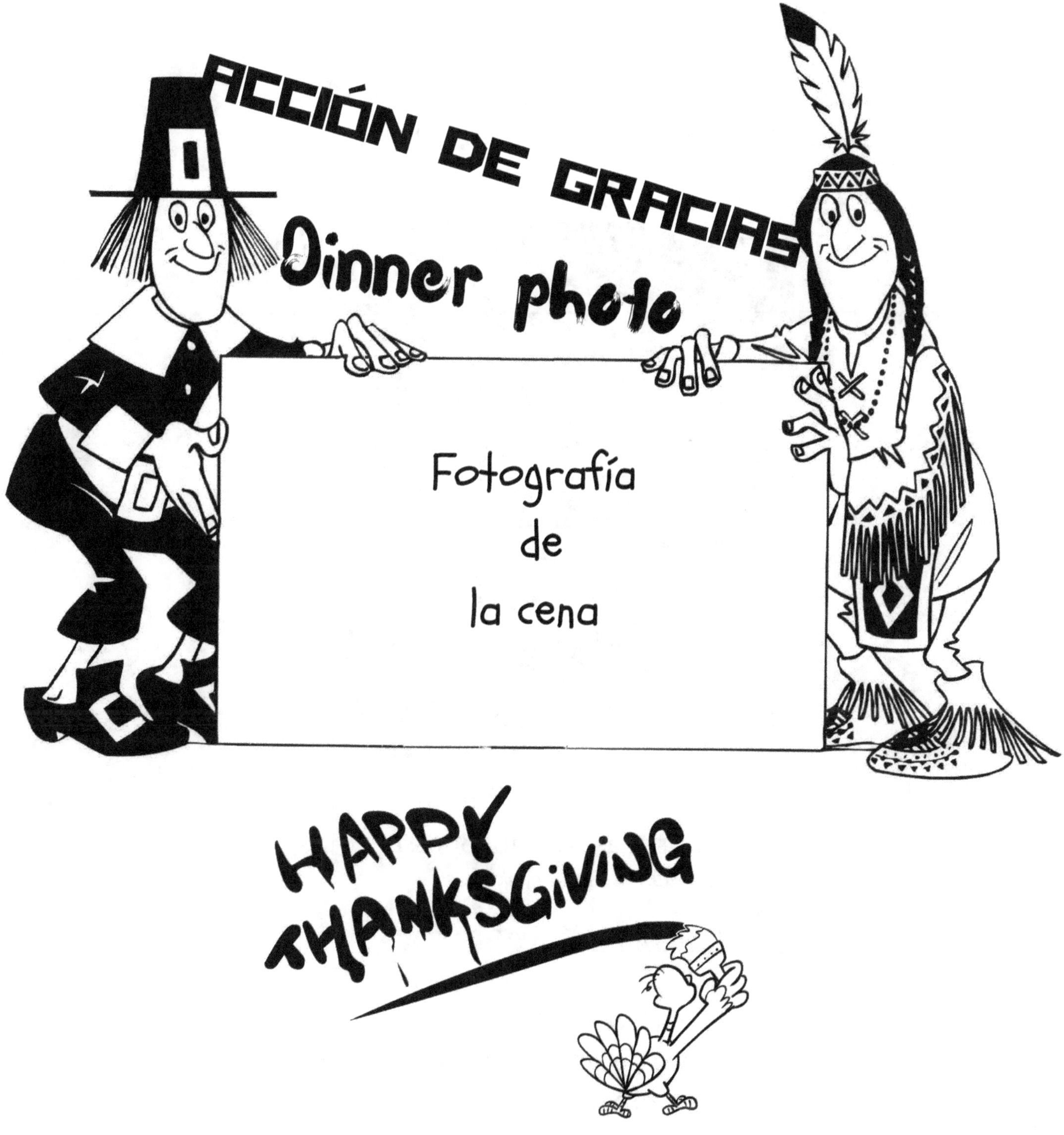

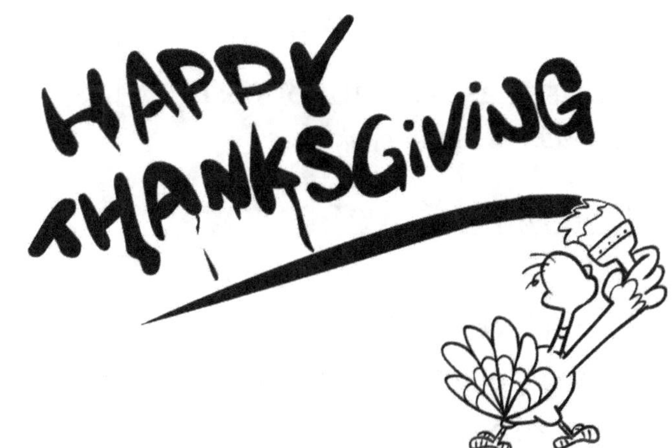

ACCIÓN DE GRACIAS
Dinner photo
Fotografía
de
la cena
HAPPY THANKSGIVING

Other Books by Young Scholar:-

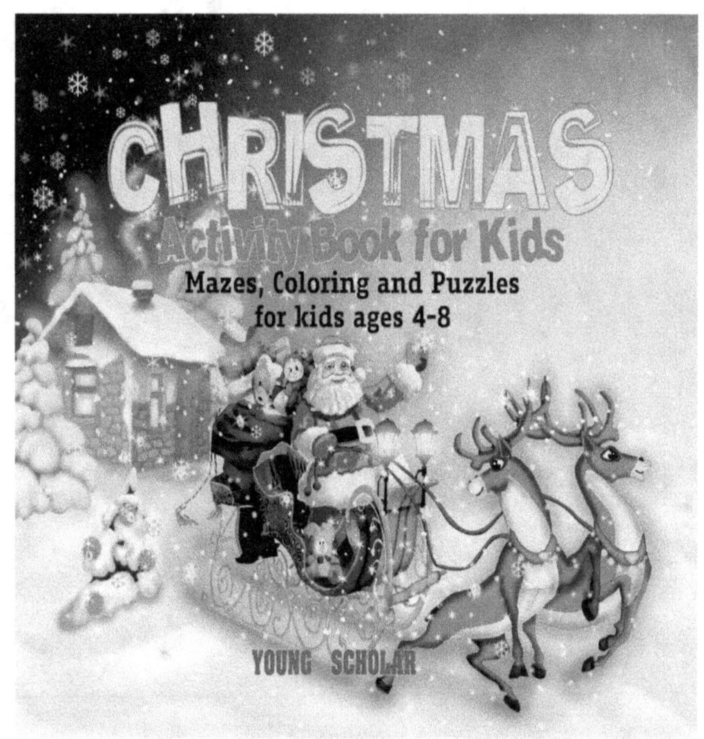

Christmas Activity Book for Kids
Available at Major book stores

http://amzn.to/2foD5OC

**COMING SOON!!
Libro de actividades de Navidad
para niños!!**